R.E.I. Editions

Tutti i nostri ebook possono essere letti sui seguenti dispositivi:
- Computer
- eReader
- iOS
- Android
- Blackberry
- Window
- Tablet
- Cellulare

Brown Kittel

Junkers Ju 87 Stuka

ISBN: 9782372975384

Pubblicazione: Marzo 2025

Brown Kittel

Junkers Ju 87 Stuka

R.E.I. Editions

Indice

Junkers Ju 87 Stuka 9

Storia 13

Impiego 27

Tecnica 66

    Caratteristiche tecniche 73

Ju 87A 75

Ju 87B 77

    Ju 87B-1 80

    Ju 87B-2 82

Ju 87C 84

Ju 87D 86

    Ju 87D-1 89

    Ju 87D-3 91

    Ju 87D-4 93

    Ju 87D-5 95

Ju 87F 97

Ju 87G 99

Ju 87H 110

Ju 87R 111

Motore Junkers Jumo 211 113

    Caratteristiche tecniche................................117

Hans Ulrich Rudel 118

Ju 187 Super Stuka 129

    Caratteristiche tecniche................................133

Junkers Ju 87 Stuka

Pochi aerei che combatterono nella Seconda Guerra Mondiale furono così controversi e famosi come il bombardiere da picchiata Junkers Ju 87 Stuka.

Simbolo e strumento della potenza militare del Terzo Reich, questi aerei furono gli impressionanti protagonisti dell'inizio della Seconda Guerra Mondiale.

A partire dalla seconda metà degli anni '30, il Ju-87 rappresentò una nuova classe di mezzi da combattimento, suscitando accesi dibattiti, soprattutto all'interno dell'alto comando della Luftwaffe.

- Dopo le campagne di Polonia e Francia, il Ju-87 divenne quasi una leggenda, alimentata attivamente dai suoi sostenitori, che crearono un'aura di armamento superiore e senza pari attorno al velivolo.

Lento e spigoloso, con una scarsa capacità di sopravvivenza e una protezione antincendio piuttosto debole, il Ju 87 era una preda relativamente facile per i caccia nemici.

Tuttavia, l'elevata precisione dei bombardamenti e l'efficacia dell'impiego in combattimento compensarono ampiamente molti dei suoi difetti.

- Una volta ottenuta la supremazia aerea, l'aereo divenne un efficace mezzo di terrore aereo, sganciando bombe con terrificante precisione e producendo un effetto psicologico devastante sulle vittime.

Lo Stuka non era l'equivalente tedesco dell'Il-2, ma entrambi gli aerei svolgevano compiti simili: fornire supporto diretto alle truppe di terra.

Il Junkers Ju 87, detto anche Stuka (in tedesco Sturzkampfflugzeug, letteralmente "aereo da combattimento in picchiata"), era un bombardiere da picchiata monomotore con configurazione alare ad ala di gabbiano rovesciata.

- Conosciuto alla maggior parte dei profani è il caratteristico suono che emetteva durante la fase di picchiata con le cosiddette "trombe di Gerico", speciali sirene montate sui carrelli, che, per effetto del vento, producevano un suono stridente che aveva lo scopo di seminare il panico nel nemico.

Per aumentare la precisione dei bombardamenti fu necessario ridurre l'altitudine di sgancio delle bombe, il che portava a maggiori sovraccarichi in uscita da una picchiata ripida con angoli di 75-80 gradi, talvolta superando anche i 5 g.

Solo un aereo appositamente progettato, che non fosse inferiore a un caccia in termini di potenza e manovrabilità, e a un bombardiere medio in termini di capacità di carico, poteva resistere a tali sovraccarichi.

- Un simile velivolo avrebbe dovuto attaccare obiettivi da basse altitudini, per cui era necessario proteggere l'equipaggio e i componenti principali del velivolo dal fuoco proveniente da terra.

Per limitare la velocità durante la picchiata, e il sovraccarico durante il recupero, l'ala doveva essere dotata di una potente meccanizzazione e di freni aerodinamici: nel complesso, la creazione di un bombardiere in picchiata fu, quindi, un'impresa progettuale molto complessa.

L'equipaggio era sistemato in tandem, con il sedile posteriore posizionato in modo opposto al senso di marcia e da un'ampia cabina vetrata.

- Nel primo anno del conflitto lo Stuka divenne un'arma letale sopratutto contro carri armati, navi, fortificazioni e ponti.

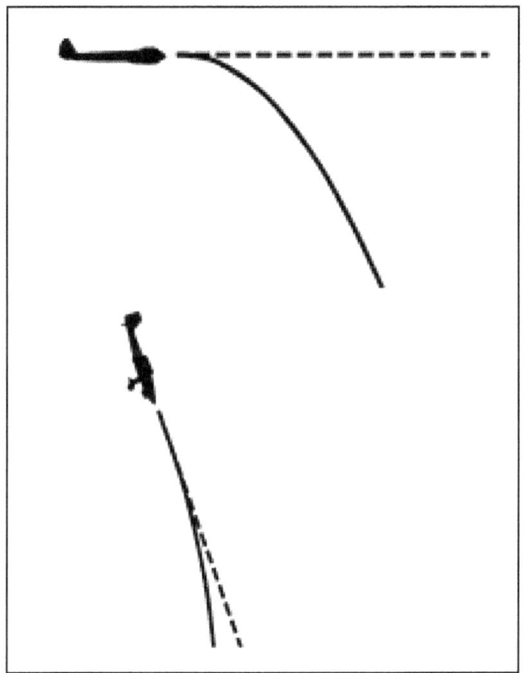

Schema illustrativo del funzionamento della tecnica del bombardamento in picchiata. La linea tratteggiata rappresenta il prolungamento dell'asse longitudinale del velivolo, cioè la linea di volo, mentre la linea continua rappresenta la traiettoria parabolica lungo cui cade la bomba. Nel caso del bombardamento tradizionale (in alto) il punto di impatto della bomba è influenzato da fattori come la velocità e la quota, che, a meno di disporre di sistemi di puntamento sofisticati, lo rendono in generale impreciso.

Nel caso del bombardamento in picchiata (in basso) il punto in cui cade l'ordigno è quasi esattamente di fronte al pilota, che al momento dello sgancio vede il bersaglio in una posizione tanto più vicina al centro del suo mirino quanto più l'angolo della picchiata si avvicina alla verticale.

opo aver sganciato la bomba, il pilota esegue una richiamata e si riporta in altitudine. Poiché la caduta della bomba non è influenzata che in misura trascurabile da velocità e quota, il bombardamento in picchiata è in generale molto preciso.

Le principali aree in cui operò furono la Polonia, Norvegia e la Francia, ma ben presto divenne vulnerabile nei confronti del più versatile caccia inglese "Spitfire", finendo così la sua carriera lungo il fronte orientale.

Pur essendo stato progettato nel lontano 1933 dall'azienda tedesca Junkers, lo Stuka restò in produzione per oltre nove anni, rimanendo per tutta la durata della guerra immutato nella struttura e nella configurazione di base, prova della validità complessiva della macchina.

- Ne furono costruiti più di 5.700 esemplari in una ventina di versioni, che combatterono su tutti i fronti.

Impiegato principalmente dalla Luftwaffe, oltre che dalle forze aeree delle potenze dell'Asse, il Ju 87 fu uno dei più efficaci bombardieri in picchiata della seconda guerra mondiale e certamente il velivolo più propagandato di tutto in conflitto.

- Nonostante i suoi limiti, è considerato una pietra miliare nella storia dell'aviazione.

Prima del conflitto, il prototipo dello Stuka, montava un motore Rolls-Royce Kestrel da 640 hp, mentre successivamente venne sostituito con uno Jumo 210CA, sempre da 640 hp, che azionava un'elica tripala.

L'armamento erano tre mitragliatrici da 7,92 mm, di cui una disposta sul retro manovrata dal copilota, mentre sotto le ali e la fusoliera poteva portare diverse combinazioni di bombe variabili dai 50, 250, 500 e fino a 1.000 Kg.

Storia

La Junkers iniziò la costruzione di tre prototipi dello Ju 87 nel 1934 e ironicamente, considerati gli eventi futuri, il primo Stuka era equipaggiato con un motore Rolls-Royce Kestrel da 640 hp (477 kW), lo stesso motore del primo prototipo del famoso caccia Messerschmitt Bf-109.

Il raffreddamento del motore si rivelò problematico e fu montato un radiatore più grande che non migliorò certo l'aspetto dell'aereo.

- Il primo prototipo aveva un impennaggio posteriore bideriva, ad angoli retti e forme molto squadrate.

La mancanza di motori raffreddati a liquido sufficientemente potenti e affidabili in Germania nel 1934, portò, infatti, all'equipaggiamento del primo modello sperimentale del Ju-87V-1 con un motore inglese Rolls-Royce Kestrel II S, il che costituì una sorta di conferma del "pedigree" internazionale dello Stuka.

- Il primo volo ebbe luogo il 19 settembre 1935.

Il motore a V da 12 cilindri, raffreddato a liquido, aveva una potenza al decollo di 525 hp e di 640 hp a un'altitudine di 4.270 metri, ma si surriscaldava notevolmente in volo, rendendo necessario un aumento della superficie del radiatore: elica a due pale in legno a passo fisso.

Si prevedeva di installare freni aerodinamici a forma di griglia, in grado di ruotare di 90° durante la picchiata, sul bordo d'attacco dell'ala, subito dietro le carenature del carrello di atterraggio.

Tuttavia, i tecnici non ebbero il tempo di installarli sul primo prototipo, e il 24 gennaio 1936, in una picchiata con un angolo di 50°, l'unità di coda cominciò a vibrare fortemente e quando il pilota capo della Junkers, V. Nuenhofen, tentò di far uscire l'aereo dalla picchiata, parte dello stabilizzatore si staccò e l'aereo si schiantò insieme all'equipaggio.

Un mese dopo, il 25 febbraio 1936, prese il volo il secondo prototipo Ju-87V-2, equipaggiato con un motore raffreddato a liquido della Junkers Motoren Werke, il Jumo210Aa, che sviluppava 610 hp (455 kW) a un'altitudine di 2.550 metri, con un'elica a tripala a passo variabile.

Dopo aver indagato sulle cause del disastro del primo prototipo, l'unità di coda venne modificata a pinna singola, con una pinna e un timone più grandi: di conseguenza, la lunghezza complessiva dell'aereo aumentava a 10,65 metri.

- Il terzo Ju-87V-3 sperimentale decollò il 27 marzo 1936.

La sua principale differenza era un supporto motore riprogettato, che consentiva di abbassare il motore e migliorare la visuale del pilota, mentre il gruppo di coda era stato nuovamente riprogettato, aumentandone la superficie, per migliorare controllo e stabilità.

- Fu sottoposto a prove di valutazione insieme ad altri tre

velivoli concorrenti: l'Arado Ar 81, l' Ha 137 e l'Heinkel He 118.

Il biplano Ar 81, dotato di ali sottili e piuttosto robuste, pesava 350 kg in meno del Ju-87 con lo stesso armamento. La velocità a una determinata altitudine, la velocità di salita e la quota dell'Arado erano leggermente migliori di quelle delle prime versioni degli Junkers, ma perdeva rispetto al suo principale concorrente nella precisione del bombardamento, che la Direzione Tecnica considerava la cosa più importante.

Un altro concorrente era l'Ha-137, un monoplano monoposto con carrello d'atterraggio fisso, armato con due cannoni MG/FF nelle ali e due mitragliatrici sopra il motore BMW123A-3 raffreddato ad aria, sostituito in seguito dallo Jumo 210Aa

Il primo Ha-137Vl volò nell'aprile del 1935, sei mesi prima dello Ju-87: a quel tempo, secondo i mutati e chiariti requisiti tattici e tecnici, il bombardiere da picchiata avrebbe dovuto essere un biposto.

Le dimensioni minime dell'Ha-137 non consentirono una tale modifica e il suo sviluppo, su insistenza di von Richthofen, continuò nella versione da attacco: con l'arrivo di Udet, tuttavia, questo velivolo venne ufficialmente scartato.

- Il principale concorrente del Ju-87 era considerato l'aereo della Heinkel, un monoplano biposto con carrello d'atterraggio retrattile.

Il futuro bombardiere da picchiata era equipaggiato con un motore Daimler-Benz con una potenza di 910 hp, che gli consentiva di raggiungere una velocità calcolata di 400 km/h.

La bomba e la sua sospensione sotto la fusoliera erano coperte da una carenatura: durante la picchiata, uno speciale meccanismo faceva uscire la bomba dalla fusoliera, oltre la zona investita dall'elica.

- Nella versione biposto, l'aereo poteva trasportare una

bomba da 250 kg, mentre quando il bombardiere rimaneva a terra, l'aereo poteva trasportare una bomba da 500 kg.

A differenza del Ju-87, il collaudatore della Heinkel effettuava picchiate con angoli non superiori a 50°, a causa di difetti nel sistema di controllo del passo dell'elica.

L'inaffidabilità dello spostamento dell'elica verso un'angolazione maggiore contemporaneamente al rilascio dei flap dei freni comportava rischi per l'elica e per il motore, che potevano provocare un disastro.

Fu testato personalmente da Udet, che lanciò l'He-118 in picchiata verticale da un'altitudine di 4.000 metri: l'elica iniziò a girare a bassa velocità, provocando forti vibrazioni e la distruzione della sezione di coda della fusoliera e dell'impennaggio, mentre Udet riuscì a salvarsi lanciandosi con il paracadute.

- Fu la fine della promettente carriera di combattimento dell'He-118 e l'inizio della rapida ascesa del Ju-87.

Così, alla fine della primavera, lo Ju-87V-4 apparve all'aeroporto e decollò il 20 giugno.

Si distingueva per un supporto motore ancora più ribassato, uno stabilizzatore verticale più grande e più angolare, nuove carenature del carrello di atterraggio e un tettuccio della cabina di guida ridisegnato.

- Per migliorare la visibilità durante la picchiata, sul pavimento della cabina del pilota era stata aperta una speciale finestra.

Dietro il radiatore del motore venne installato uno speciale trapezio per una singola bomba, che la estraeva dall'area investita dall'elica durante la picchiata, oltre a uno speciale mirino Stuvi A2: questo quarto modello venne utilizzato per bombardamenti pratici con bombe da 100 a 500 kg (in quest'ultimo caso l'equipaggio era composto da un solo pilota).

- A differenza delle modifiche successive, alcuni velivoli sperimentali e di prima produzione non avevano ancora un regolatore di velocità costante dell'elica né un regolatore di sovralimentazione del motore.

Pertanto, prima di iniziare la picchiata, il pilota doveva chiudere le alette del radiatore, per evitare di raffreddare eccessivamente il motore, portare la spinta a livello del suolo, tendere l'elica e rilasciare i flap dei freni. Allo stesso tempo, la cosa più importante per lui era determinare correttamente il momento di entrare in picchiata e tracciare la posizione del bersaglio.

Durante la picchiata, il pilota doveva mantenere un angolo costante specificato lungo le linee sui finestrini della cabina di pilotaggio, mantenendo la sua posizione nella formazione ed eseguendo una manovra antiaerea (le linee selezionate rimanevano parallele al terreno).
Subito dopo l'uscita dalla picchiata e la retrazione delle griglie dei freni, le alette dovevano essere immediatamente aperte per evitare il surriscaldamento del motore.
Il tempo a disposizione per completare tutte le operazioni era

molto limitato e richiedeva un livello di qualificazione piuttosto elevato da parte del pilota.

Sull'ala destra era montata una mitragliatrice MG11 da 7,92 mm, mentre nella cabina dell'operatore radio era installata una mitragliatrice MG15 da 7,92 mm su un supporto mobile con angoli di fuoco molto limitati: 25° sui lati, 6° verso il basso e 45° verso l'alto.

- Il primo gruppo di Ju 87A-0 aveva un motore Jumo 210Ca da 640 hp (477 kW) a 2.700 metri e modifiche per facilitarne la produzione.

Il successivo modello Ju 87A-1 iniziò a sostituire il biplano Hs 123 nella primavera del 1937 e tre esemplari furono inviati in Spagna per essere testati in condizioni operative dalla Legione Condor nella guerra civile spagnola.

Il successo del Ju-87 in Spagna, e all'inizio della Seconda Guerra Mondiale, stimolò ulteriormente l'interesse per lo sviluppo di nuovi bombardieri da picchiata: il risultato furono l'americano Douglas SBD "Dauntless" e l'inglese Fairey "Barracuda", che divennero famosi durante la guerra, nonché il giapponese Yokosuka D4Y "Suisei".

La superficie del timone dell'A-1 fu ridotta tagliandone la parte inferiore, mentre il cofano motore divenne asimmetrico, a causa dello spostamento verso destra della presa d'aria del compressore e di una presa d'aria supplementare per soffiare nel basamento sul pannello destro del cofano, subito dietro l'ogiva dell'elica.

- Nel 1937 il comando della Luftwaffe progettò di creare sei gruppi di bombardieri in picchiat, e di questi, quattro dovevano essere equipaggiati con gli Ju-87.

Ogni gruppo avrebbe dovuto disporre di 36 aerei, di cui tre al quartier generale, per un totale di oltre 150 Ju-87A in prima linea.

Seguì, alla fine del 1937, il Ju 87A-2, con un motore Jumo 210Da da 680 hp (507 kW), dotato di un compressore centrifugo a due velocità.

La potenza al decollo era di 680 hp e di 670 hp in modalità combattimento a un'altitudine di 3.900 metri per 5 minuti.

Le pale dell'elica erano state allargate, il bordo superiore del timone fu leggermente arrotondato e la corda del trimmer fu leggermente aumentata. ma questo modello restò in produzione e in servizio solo per sei mesi.

- Nel novembre 1937, il nuovo motore Jumo211, essenzialmente una versione ingrandita dello Jumo210, fu raccomandato per l'installazione sul Ju-87.

La sostituzione del motore richiese una radicale riprogettazione del telaio e dei cofani: due velivoli sperimentali dotati di nuovi motori furono convertiti dagli A-1 di produzione e ricevettero le designazioni V6 e V7. Il primo di questi decollò il 14 giugno 1937 e rappresentò una tappa intermedia nel percorso verso la seconda versione di serie del Ju-87B.

Il settimo prototipo, e la serie di pre-produzione dello Ju 87B-1, che ne derivò, erano largamente modificati, rispetto al disegno originale.

Il nuovo modello, denominato Ju 87B-1, aveva un motore notevolmente più potente, lo Jumo 211Da da 1.200 hp (895 kW), e la fusoliera e il carrello completamente ridisegnati, mentre la coda era stata ingrandita.

- Di nuovo provato in Spagna, il nuovo modello dimostrò la sua validità e la produzione venne aumentata, per la metà del 1939, a 60 apparecchi al mese.

Allo scoppio della seconda guerra mondiale, così, la Luftwaffe aveva in linea 336 Ju87B-1.

- La produzione venne completamente effettuata dalla Junkers per un totale, come detto, di 5.700 esemplari.

Nel settembre del 1939, per la campagna di Polonia, la Luftwaffe schierò 219 Stuka che ebbero effetti stupefacenti nell'impiego e nel morale.

La prima missione in assoluto fu eseguita da tre Ju 87B-1, decollati alle 4:26 del primo settembre per bombardare gli accessi ai ponti di Dirschau sulla Vistola: l'obiettivo erano i cavi collegati all'esplosivo con il quale i polacchi avevano minato i ponti.

Gli Stuka attaccarono undici minuti prima del momento ufficiale del balzo in avanti tedesco, e ottennero un completo successo, anche se i polacchi furono poi in grado di riparare i danni e a far saltare uno dei due ponti.

- La lugubre sirena che annunciava la picchiata e i brillanti risultati ottenuti anche in Norvegia e durante la campagna di Francia ne fecero un aereo leggendario.

Lo Ju 87 era effettivamente la dimostrazione pratica della Blitzkrieg su tre dimensioni, che si rifaceva alle teorie di Amedeo Mecozzi sulla strettissima cooperazione tra l'arma aerea e le forze terrestri: la combinazione di rumore e precisione degli Stuka terrorizzò i difensori francesi.

I soldati uscivano barcollando dai pur sicuri rifugi, incapaci di continuare a sopportare le continue onde d'urto.

- Gli Stuka del Fliegerkorps VIII, in particolare, al comando del generale Wolfram von Richthofen, compirono tra le otto e le nove sortite al giorno, impegnando equipaggi e personale di terra al limite delle possibilità, ma ottenendo un livello di distruzione che sorprese gli stessi comandi tedeschi.

Dato, però, che i tedeschi non fornivano scorta ai loro bombardieri, se questi venivano sorpresi dai caccia nemici, le perdite potevano essere molto pesanti.

Infatti, vicino Sedan, il 12 maggio 1940, sei Curtiss P-40 Hawk francesi sorpresero una formazione di Ju 87 e ne abbatterono ben undici senza subire perdite: ben presto fu, quindi, chiaro che i successi degli Stuka potevano essere ottenute solo in condizioni di supremazia aerea quasi assoluta.

- Nel corso della battaglia d'Inghilterra, i reparti da bombardamento in picchiata vissero un momento di crisi profonda, subendo perdite pesantissime.

In realtà lo Stuka era un aereo piuttosto vulnerabile, lento e poco manovrabile: un confronto diretto, senza protezione adeguata, con i veloci caccia della RAF ne faceva una facilissima preda.

Per quanto gli Stuka avessero sofferto pesanti perdite per mano dell'aviazione militare inglese, la Luftwaffe non aveva rimpiazzi immediati e d'altra parte, in condizioni di supremazia aerea, il Ju 87 rimaneva un'arma ancora valida nel tiro in picchiata, pertanto lo sviluppo della macchina continuò.

Il motore fu potenziato e, probabilmente, la modifica più apprezzata dai piloti tedeschi, fu la corazzatura rinforzata.

- Questo nuovo modello, lo Ju 87D, fu utilizzato in quantità sul fronte orientale e in Nord Africa, dove venne impiegato anche come traino per alianti.

Nel Mediterraneo gli Stuka si rivelarono efficaci contro il naviglio britannico: lo stesso accadde nel 1941, con la conquista della Jugoslavia e della Grecia, dove si ripeterono le condizioni favorevoli della Polonia, e, qualche mese più tardi, durante l'invasione dell'Unione Sovietica.

- Costantemente aggiornato, nelle varianti D e G, più potenti e variamente equipaggiate, il Ju 87 rimase sempre un apparecchio valido, ma assolutamente incapace di difendersi adeguatamente dai caccia avversari.

Era, infatti, un'arma ideale per una guerra aggressiva, che la Germania combatté fino a tutto il 1942: a partire dal 1943 gli Stuka furono, però, contrastati con sempre maggiore efficacia dai caccia dell'Armata Rossa, in continua evoluzione, durante le operazioni diurne.

Fu così sviluppata una versione per l'attacco notturno, ma alla fine, nonostante le perdite, la Luftwaffe fu costretta a far volare il Ju 87 anche di giorno e introdusse, nel 1942, la variante G-1, il cui armamento principale consisteva in una coppia di cannoni da 37 millimetri installati in carenature sotto le ali.

- Nell'impiego operativo, accentrato in Unione Sovietica e sul fronte orientale, questi Stuka si rivelarono macchine micidiali.

Quando i sovietici poterono disporre di un numero sufficiente di caccia per contrastarli, la già scarsa maneggevolezza, ridotta ulteriormente dal peso dei cannoni, rese questi Stuka anticarro estremamente vulnerabili.

- Anche la Regia Aeronautica Italiana ebbe, per un certo periodo, in dotazione gli Stuka.

Nei primi mesi del 1939, una commissione della Luftwaffe venne inviata a Guidonia per uno scambio di conoscenze e materiale: i piloti collaudatori tedeschi ebbero occasione di provare gli apparecchi italiani e gli italiani poterono provare in volo lo Stuka.

- In Italia la specialità del bombardamento in picchiata era scarsamente evoluta, per questo motivo il governo italiano inviò una richiesta al Ministero dell'Aeronautica tedesco per almeno un centinaio di Ju 87B2, il quale accettò di fornirli in due lotti da 50 apparecchi ciascuno.

I migliori piloti dell'aviazione da caccia furono mandati presso la Stukaschule al campo di Graz, in Austria, per essere addestrati alla difficile "specialità" del bombardamento in picchiata.

I piloti italiani sbalordirono gli istruttori tedeschi: già nel settembre 1940 gli Stuka del 96° Gruppo erano pronti e operativi in Sicilia, e tutto ciò grazie all'incredibile abilità dei piloti, che in poco tempo riuscirono a diventare anch'essi ottimi piloti di bombardamento in picchiata.

Gli stessi piloti rimasero entusiasti delle caratteristiche di manovra e abilità dello Stuka, confrontate alle pessime esperienze con lo scarso SM 85.

- Nell'estate del 1940, circa cento esemplari di Ju 87B-1 furono assegnati al 96° Gruppo Bombardamento a Tuffo.

Soprannominato "Picchiatello", il Ju 87 equipaggiò in seguito anche altri Gruppi, come il 97°, il 101° e il 102°.

Visto il successo riscosso, venne formato il Centro di Addestramento Bombardamento a Tuffo presso Lonate Pozzolo (VA), in modo da non dover dipendere dalla Germania riguardo l'addestramento dei piloti, e con la fornitura di altri 50 velivoli si costituì il 101° Gruppo e ristrutturati gli altri due preesistenti.

- I nuovi Stuka in dotazione alla Regia Aeronautica erano i B-2 e gli R-2.

I primi erano dotati del motore Jumo 211D che toccava la velocità di 383km/h, armati con 2 mitragliatrici alari di 7,92 mm e di un'analoga mitragliatrice posteriore.

- Sotto la fusoliera era agganciata una bomba da 500 kg oppure una da 250 kg e altre 4 da 50 kg sotto le ali.

Il secondo modello, invece, vantava una grande autonomia ed era, quindi, ottimo per le ricognizioni in mare aperto, e permetteva il montaggio di bombe italiane: una bomba da 250 kg in fusoliera.

Nel 1943 la Luftwaffe mise a disposizione nuovi apparecchi, modello D-3, con i quali si formarono il 103° e 121° Gruppo, i quali operarono entrambi in Sardegna, sebbene il 121° partecipò allo sbarco americano assieme all'Aviazione USA.

Lo Stuka D-3 era armato con due mitragliatrici alari da 12,7 mm, un complesso binato Mauser da 7,92 mm posteriore e poteva applicare due contenitori sulle ali.

- Era in grado di trasportare una bomba da 1.800 kg sotto la fusoliera o un peso analogo in bombe da 50 kg e 250 kg.

In tutto, i Junkers Ju 87 Stuka che operarono nella Regia Aeronautica Italiana furono 159.

Condussero alla vittoria in moltissime missioni nonostante le costanti pessime condizioni nel contesto in cui operavano, guadagnandosi comunque elogi ed encomi da parte dei tedeschi.

I 50 Stuka del secondo lotto erano quasi tutti nella versione Ju 87R2 a grande autonomia, dotata anche di due serbatoi subalari da 300 litri: questi aerei vennero, inoltre, ben presto aggiornati alla versione R5 con materiale di sopravvivenza nelle ali e in cabina.

- I "Picchiatelli" furono utilizzati contro Malta e i convogli di navi alleate nel Mediterraneo, in Nord Africa, dove presero parte alla conquista di Tobruk, in Grecia e nei Balcani.

Con il protrarsi della guerra, la Regia Aeronautica ricevette altri esemplari tra le versioni B2, R2 e R-5, venendo utilizzati fino al 1942, e poi nella versione D3 nel 1943, subendo perdite pesanti durante lo sbarco anglo-americano in Sicilia.

Prototipo dello Stuka motorizzato Rolls-Royce Kestrel da 640 hp.

Dopo l'8 settembre, la maggior parte dei Junkers Ju 87 italiani rimase al Sud e servì con l'aeronautica cobelligerante, anche se non partecipò ad alcuna azione bellica: molti piloti alleati fecero dei voli di prova sugli aerei italiani, oppure si addestrarono contro di loro in combattimenti simulati.

Di seguito i Gruppi e le Squadriglie con la relativa dotazione di Ju 87:

- 96° Gruppo Bombardamento a Tuffo: dal 22 agosto 1940 al febbraio 1941 utilizzò Ju 87B e dal gennaio 1941 anche i Ju 87R.
- 97° Gruppo Bombardamento a Tuffo: dal luglio all'agosto 1940 montava Ju 87B, dal 22 settembre al marzo 1943 i Ju 87R.
- 101° Gruppo Bombardamento a Tuffo: Ju 87B dal 5 marzo al 2 aprile 1941, poi Ju 87R fino al luglio 1942.
- 102° Gruppo Tuffatori: Ju 87R dal 1° maggio al novembre 1942.
- 103° Gruppo Bombardamento a Tuffo: Ju 87D-3 dal 1°

febbraio all'agosto 1943.

- 121° Gruppo Bombardamento a Tuffo: utilizzò Ju 87R-5 dal 2 all'11 luglio 1943, mentre precedentemente i Ju 87R dal 7 maggio 1941 al 25 marzo 1942.
- 236ª Squadriglia Cacciabombardieri: nel gennaio 1941, e fino a novembre, ebbe a disposizione i Ju 87R.
- 239ª Squadriglia Bombardamento a Tuffo: Ju 87R dal 7 maggio al 28 dicembre 1941.

Il Capitano Eric Brown provò lo Stuka nel centro di ricerche del ministero della difesa britannica a RAE, Farnborough, riportandone queste impressioni:

«Avevo un'alta opinione dello Stuka, perché avevo pilotato molti bombardieri in picchiata e il Ju 87 era l'unico che poteva lanciarsi in picchiata verticale. A volte i piloti dei bombardieri in picchiata dichiarano di essere scesi in picchiate verticali: spazzatura. La pendenza massima raggiunta dagli altri bombardieri in picchiata era nell'ordine dei 60 gradi. Ma quando scendevi in picchiata con lo Stuka, poiché era tutto automatico, scendevi davvero in verticale. Sentivi che stavi volando sul migliore di questi velivoli e che stavi scendendo proprio perpendicolarmente. Il Vengeance e il Dauntless erano entrambi molto validi, ma non potevi scendere a pendenze superiori ai 60 o 70 gradi. Lo Stuka apparteneva a una classe tutta sua.»

Impiego

Dei numerosi modelli di aerei tedeschi che facevano parte della Legione Condor, solo uno Ju 87 A-0 (il prototipo V4) entrò in combattimento all'inizio della guerra.

L'aereo era stato caricato segretamente sulla nave Usaramo, che salpò dal porto di Amburgo la notte del 1° agosto 1936, arrivando a Cadice cinque giorni dopo: l''unica informazione nota sulla sua carriera di combattimento in Spagna è che era pilotato da Hermann Beuer con un certo Zitzewitz come artigliere.

- Prese parte all'offensiva nazionalista contro Bilbao nel 1937 e l'aereo probabilmente tornò in Germania in modo discreto.

Nel gennaio 1938 giunsero in Spagna altre tre versioni di Ju 87 A-1: questi aerei supportarono le forze nazionaliste e portarono a termine missioni contro ponti, un tunnel, edifici fortificati, ferrovie e incroci stradali, fino al loro ritorno in Germania nell'ottobre 1938.

Utilizzati più come bombardieri leggeri che come supporto tattico, furono poco notati, ma diversi problemi, bassa potenza, basso carico utile, divennero evidenti e dovettero essere in parte corretti.

- Gli A-1 vennero poi sostituiti da cinque Ju 87 B-1 che, oltre ai ponti, attaccarono le navi all'ancora: apparentemente, un Ju 87 B-1 venne abbattuto dalla contraerea, ma il relitto venne recuperato e riportato in Germania.

Con l'avvicinarsi della fine della guerra, gli Stuka non trovarono molto da fare e vennero impiegati per supportare gli Heinkel He

111 impegnati ad attaccare le posizioni repubblicane: come nel caso del Ju 87 A-0, i B-1 tornarono poi discretamente in Germania e nessuno fu consegnato all'aeronautica di Franco.

L'esperienza della guerra civile spagnola si rivelò inestimabile: le squadre avevano affinato le loro competenze e il loro equipaggiamento era stato testato in reali condizioni di combattimento.

- Tuttavia, fino ad allora, il Ju 87 non aveva incontrato molta opposizione aerea o antiaerea64.

Il 1° settembre 1939 la Wehrmacht invase la Polonia, innescando la Seconda guerra mondiale.

- I registri del quartier generale della Luftwaffe indicano una forza totale di 366 Ju 87 A e B il 31 agosto sul fronte polacco, oltre due terzi dei quali operativi.

Alle 04:26 tre Ju 87 dell'I./St.G 1 decollarono dalla Prussia orientale e 8 minuti dopo, nonostante la nebbia, colpirono la stazione ferroviaria di Tczew sulla Vistola: nonostante la scarsa visibilità, lo St.G 77 riuscì anche a portare a termine con successo un bombardamento su una linea di fortificazione di confine.

Nel pomeriggio, elementi dell'I./St.G 2 bombardarono un aeroporto di Cracovia, che era privo di aerei, essendosi rifugiati in aree adiacenti.

Il Gruppo Navale I./Tr.Gr. 186 prese logicamente di mira la Marina polacca a Hel, sulla penisola omonima, ma la densità del fuoco antiaereo fu tale che il gruppo perse due aerei, i primi della guerra.

Gli Stuka aprirono, quindi, la strada alle truppe e ai veicoli corazzati sul terreno, collaborando con loro per avanzare rapidamente ed efficacemente; gli obiettivi da colpire erano molteplici: ponti, truppe nemiche, colonne di veicoli e postazioni di artiglieria.

- Le perdite rimasero limitate, nonostante la resistenza polacca.

Gli Stuka ebbero un ruolo importante nella battaglia di Bzura, che portò alla rottura della resistenza polacca: il 17 settembre Varsavia venne bombardata da otto gruppi di Stuka, in quello che può essere considerato il primo massiccio bombardamento della guerra.

L'impiego dello Ju 87 in Polonia, coordinato con unità corazzate, era un perfetto esempio di guerra lampo: gli attacchi erano precisi e distruttivi, nonostante le condizioni meteorologiche talvolta avverse, con due fattori a favore: il primo era la perdita del controllo del cielo da parte dei caccia polacchi; la seconda era la rapida avanzata dei tedeschi che consentiva agli Stuka di decollare dagli aeroporti vicini alla linea del fronte e di svolgere, così, più missioni al giorno.

La solidità del Ju 87 ne consentiva l'impiego anche su terreni poco preparati: durante questa campagna, per cause diverse, andarono perduti solo 31 aerei.

- L'operazione Weserübung iniziò il 9 aprile 1940 con l'invasione della Norvegia e della Danimarca.

Quest'ultima capitolò nel corso della giornata, mentre la Norvegia continuò a resistere con l'aiuto degli inglesi e dei francesi: la campagna non poteva essere una classica guerra lampo, con divisioni corazzate in rapido movimento supportate dagli aerei.

Poiché il territorio era montuoso, una cooperazione tra Panzer e Stuka era fuori questione: i tedeschi si affidarono, quindi, alle loro divisioni di paracadutisti.

- Pertanto, vennero impiegati solo una quarantina di Stuka, i Ju 87R, dotati di serbatoi esterni per una maggiore autonomia.

Il 9 aprile, alle 10:59, decollarono i primi aerei con l'obiettivo di colpire le fortificazioni che proteggevano il fiordo di Oslo, responsabili in particolare della perdita dell'incrociatore tedesco Blücher.

Nel pomeriggio, i Ju 87 partirono per inseguire le navi della Royal Navy, ma erano troppo lontane: ciononostante, avvistarono un cacciatorpediniere che si rivelò essere la torpediniera Æger da 600 tonnellate.

- Colpita nella sala macchine, la nave si arenò deliberatamente prima di affondare.

Gli Stuka subirono la loro prima perdita scandinava il 19 aprile, quando un aereo cadde sotto il fuoco antiaereo della marina britannica, mentre sei giorni dopo, un raid Swordfish delle portaerei HMS Ark Royal e Glorious distrusse sei Ju 87 a terra.

- Tuttavia, prima della fine del mese, i Ju 87 riuscirono ad affondare tre navi ausiliarie britanniche e a danneggiare gravemente la HMS Bittern.

Il 1° maggio, tre ondate successive di Stuka attaccarono le portaerei britanniche, ma senza risultato e con la perdita di un aereo abbattuto da due Sea Gladiator: tuttavia, ebbero più successo 48 ore dopo, affondando il cacciatorpediniere francese Bison, mentre una seconda ondata fece lo stesso con l'HMS Afridi.

- Il 4 maggio affondarono a loro volta quattro piroscafi norvegesi e undici giorni dopo anche un trasporto di truppe polacche.

Nel frattempo, quattro piloti vennero insigniti della Croce di Cavaliere.

Lo Ju 87 si dimostrò, quindi, estremamente efficace sulle navi, soprattutto se ancorate in fiordi stretti e senza possibilità di manovra.

L'attenzione si spostò poi su Narvik, dove il 24 maggio l'I./St.G 1 affondò un peschereccio norvegese e tre giorni dopo colpì l'aeroporto della città.

Il 27 maggio un altro Ju 87 fu nuovamente vittima di un Gladiator pilotato dal sudafricano Caesar Hull, abbattuto e ferito poco dopo dall'asso tedesco Helmut Lent.

Gli ultimi raid su Narvik ebbero luogo il 2 giugno.

Alle prime luci dell'alba del 10 maggio 1940, lo St.G 2 contribuì a neutralizzare Fort Eben-Emael, bombardando le difese periferiche, in particolare sul Canale Alberto.

Nel frattempo, lo St.G 77 attaccò la linea di fortificazione lungo la Mosa a sud di Liegi, mentre l'aeroporto di Metz-Frescaty era l'obiettivo del I./Tr.Gr.

I freni sono ben visibili in modalità aperta, sotto il bordo di entrata delle ali.

Quel giorno, dieci Ju 87 andarono persi e tredici uomini morirono a causa del fuoco antiaereo o di collisioni durante le picchiate.

Il giorno dopo, altri nove aerei scomparvero dalla squadra sotto il fuoco dei caccia britannici: il 12 maggio, due gruppi di Ju 87 vennero intercettati dagli H-75 francesi del GC I/5 a distanza di pochi minuti l'uno dall'altro.

- I tedeschi si comporteranno come piloti da caccia, ma deploreranno nove perdite, 4 morti e 3 prigionieri, dalla loro parte: tra i primi elementi ad attraversare il confine belga ci fu il IV./LG 1, uno dei cui primi compiti fu quello di distruggere le fortificazioni della città di Liegi.

Durante la battaglia di Sedan e per 5 ore, il solo St.G 77 effettuò con successo più di 200 sortite sulle posizioni francesi, ma non senza danni.

Le quattro perdite del 13 maggio furono presto seguite da altre tredici il giorno seguente, una giornata nera per gli Stuka, con il solo St.G 77 che perse cinque velivoli, compreso il suo comandante, anche se alcuni Ju 87 riuscirono ad abbattere un Morane.

Il 15 maggio cinque Stuka furono abbattuti nei cieli del Belgio, mentre il giorno dopo vi furono due perdite, ma anche un'azione vittoriosa sul 2° corpo d'armata del generale Jean Bouffet, nel centro stesso di Nalinnes: la precisione dei bombardamenti, tuttavia, permise di risparmiare i civili.

Per supportare al meglio l'avanzata delle forze di terra, gli Stuka avanzavano costantemente, insediandosi temporaneamente su qualsiasi terreno adatto: tuttavia, l'autonomia del Ju 87B era troppo limitata, per cui l'arrivo dello Ju 87R si rivelò indispensabile.

- La Luftwaffe trasse vantaggio anche dalle eccellenti comunicazioni radio terra-aria durante tutta la campagna di Francia.

Il 17 maggio, i caccia britannici si dimostrarono ancora una volta efficaci, abbattendo almeno dieci aerei.

Il 18, lo St.G 2 attaccò due volte i carri militari alla stazione di Soissons e, 24 ore dopo, le sue bombe tagliarono fuori ogni possibile ritirata da Amiens, impedendo così ogni rinforzo dei mezzi corazzati francesi.

- Nel giro di quattro giorni e fino al 21, inglesi e francesi si ritirarono costantemente e i Ju 87 poterono ora operare con maggiore libertà.

Le truppe alleate si ritrovarono ben presto isolate in una grande sacca, bloccate tra Dunkerque e la Manica: il 21 maggio, gli St.G 2 e 77 li attaccarono sul fianco meridionale tra Arras e Saint-Pol, mentre altri Gruppen attaccarono a est vicino a Lille. Difendendo strenuamente le loro posizioni, i caccia francesi, equipaggiati con i recenti D.520, si scontrarono il giorno dopo con gli Stuka: il 23, Boulogne-sur-Mer subì un massiccio attacco da parte del II./St.G 2 e del I./TrGr 186 che danneggiò la torpediniera Frondeur mentre l'Orage venne incendiata.

- Il 26, Calais si ritrovò a sua volta nel mirino degli Stuka, anche se dovettero attaccare dal mare perché il fumo del porto in fiamme mascherava qualsiasi avvicinamento da sud.

Il 26 maggio iniziò l'evacuazione di Dunkerque, con la perdita di sette Ju 87 delle unità St.G 2, 51, 76 e I./Tr.G. 186, sottolineando l'importanza delle forze impegnate in questa battaglia.

Il giorno dopo, gli Stuka affondarono il transatlantico Côte d'Azur, prima che le condizioni meteorologiche ostacolassero le operazioni aeree per 36 ore, mentre il 28 maggio fu affondato anche il cacciatorpediniere britannico HMS Grenade e molte altre navi furono danneggiate.

Dopo un periodo di calma piatta, il 1° giugno tre cacciatorpediniere furono colpiti dai bombardieri in picchiata, tra cui l'HMS Keith: tre Ju 87 di I./Tr.G. 186 caddero sotto i proiettili della RAF.

Il giorno dopo, gli Spitfire abbatterono nuovamente quattro aerei dello St.G 2: nonostante ciò, le perdite rimasero limitate a Dunkerque, dato il numero di sortite effettuate, essendo i Bf 109 più disponibili a coprirle.

Gli Stukagruppen presero, quindi, il controllo dei ponti sulla Marna, per ostacolare ogni riorganizzazione dell'esercito francese.

- L'8 giugno, l'aeronautica militare abbatté otto Ju 87 in quella che sarebbe stata l'ultima grande perdita degli Stuka.

Il 12 giugno, a nord di Parigi, l'I./St.G 2 distrusse da 20 a 30 carri armati pronti a contrattaccare le unità Heer, mentre il giorno dopo, gli Staffeln dello St.G 77, furono attaccati da una decina di Morane, ma evitarono il peggio grazie, soprattutto, all'intervento dei Messerschmitt.

La Francia stava ancora resistendo e, in questa fase della guerra, i piloti dei Ju 87 dovevano fare attenzione a non colpire le proprie truppe.

Mentre gli Stuka potevano operare abbastanza liberamente in Polonia e Scandinavia, la stessa cosa non fu possibile in Francia: infatti, circa 120 velivoli, un terzo degli Ju 87, erano stati distrutti o danneggiati.

- Fu, quindi, con una parte del personale assente, che le unità Stuka lanciarono un assalto alle isole britanniche.

Primo obiettivo, l'isola di Portland: il 4 luglio 1940, il III./StG. 51 affondò la HMS Foylebank e incendiò una petroliera che bruciò per 24 ore. Come in Norvegia, i Ju 87 si ritrovarono in prima linea contro le navi, ma questa volta dovettero sostituire i bombardieri, indeboliti dai precedenti combattimenti.

Il 9 luglio, l'I./St.G 77 attaccò anch'esso Portland, ma quel giorno perse il suo Kommandeur.

Contemporaneamente, vennero razionalizzate le unità Stuka: il III./St.G 51 e il I./Tr.Gr.186, aerei da guerra, divennero II. e III./St.G 1 mentre I./KG 76 formò III./St.G 77, infine, I./St.G 76 divenne anche I./St.G 3. La mattina dell'11, i Ju 87 affondarono lo yacht armato HMS Warrior, ben protetti dai Bf 109.

Un attacco, poche ore dopo, da parte di III./St.G 2 si concluse con l'abbattimento di uno Stuka e di quattro Bf 110 da parte degli Hurricane.

Il 20 luglio, il II./St.G 1 affondò una nave da carico e un cacciatorpediniere sulla Manica, con due perdite e tre aerei danneggiati, il giorno coincidente con il ritorno dalla Norvegia del I./St.G 1.113.

Cinque giorni dopo, un convoglio subì l'ira del IV./LG 1 e del II./St.G 1 che affondarono cinque navi cargo e danneggiarono altre quattro navi, tra cui due cacciatorpediniere con due Stuka persi.

- Un periodo di maltempo rinviò le operazioni all'8 agosto, quando non meno di quattro squadroni Stuka attaccarono in tre ondate nell'arco di tutta la giornata, il convoglio CW9 composto da venti navi mercantili e nove navi di scorta.

Lo St.G 1, il I./St.G 3 e il II./St.G 77 persero tre aerei ciascuno, tra cui il Kommandeur di quest'ultimo, catturato: altri dieci Ju 87 furono danneggiati, ma alla fine della giornata sette navi erano state affondate e altre nove danneggiate.

- Il 13 agosto, "Giorno dell'Aquila", ebbe inizio uno dei maggiori attacchi tedeschi agli aeroporti britannici.

A causa delle condizioni meteorologiche, i Ju 87 non entrarono in azione prima del pomeriggio: il II./St.G 1 non riuscì a localizzare Rochester, ma il IV./LG 1 bombardò pesantemente

Detling, causando la morte di 67 persone, tra cui il comandante della base, la distruzione di 22 aerei e la distruzione di un gran numero di edifici.

Elementi dello St.G 77 cercarono invano Warmwell e i 27 Ju 87 del II./St.G 2, abbandonati dalla loro scorta per mancanza di sufficiente autonomia, non riuscirono a raggiungere il loro obiettivo, contrastati da tredici Spitfire che abbatterono cinque dei loro mentre un sesto aereo si schiantò in mare.

- Considerando tutte le azioni, per la prima volta i tedeschi subirono più perdite degli inglesi.

Successivamente, I./St.G 1 e II./St.G 2 tornarono a Portland e, nonostante la loro robusta scorta, persero quattro aerei: gli attacchi degli Stuka si rivelarono semplicemente insufficienti.

Il giorno seguente, verso sera, due Gruppen dello St.G 2 si diressero verso Tangmere, mentre lo St.G 1 si diresse verso Lee-on-the Solent, ma solo quest'ultimo aveva una scorta.

- Lo St.G 2 piazzò le sue bombe con precisione e queste causarono notevoli danni al suolo, ma i caccia britannici raggiunsero gli Stuka mentre si riorganizzavano e ne abbatterono nove.

Il Ju 87 trovò i suoi limiti nel bombardamento strategico, un ruolo che, in origine, non gli era stato destinato.

Il II./St.G 1 operò nuovamente il 1° novembre contro un convoglio ben coperto dal JG 26: due mercantili furono affondati, contro la perdita di uno Stuka abbattuto dal fuoco antiaereo.

L'8, I./St.G 3 e IV./LG 1 intervennero a nord delle coste del Kent e dell'Essex: tre perdite e diverse navi danneggiate, tra cui il cacciatorpediniere HMS Winchester: infine, l'11 e il 14 novembre, il III./St.G 1 perse due coppie di Ju 87, con un solo sopravvissuto dell'equipaggio di otto perone.

Nel dicembre 1940, lo St.G 1 si trasferì in Belgio e l'anno successivo riprese gli attacchi contro l'Inghilterra.

Nella notte tra il 15 e il 16 gennaio 1941, l'unità inviò tre Stuka a sganciare bombe da 1.000 kg a sud-est di Londra e Dover.

Dopo 48 ore, un nuovo trio fece ritorno nella capitale, seguito, il giorno successivo da altri due aerei.

Il 5 febbraio, un Ju 87 dell'I./St.G 1 affondò il peschereccio Tourmaline prima di essere intercettato a sua volta da un quartetto di Spitfire.

I ruoli si invertirono la notte tra l'11 e il 12, quando il peschereccio Eager abbatté un aereo del II./St.G 1.

Un Ju 87 del III.Gruppe non sarebbe tornato la notte successiva per ragioni sconosciute, in quella che sarebbe stata l'ultima sconfitta degli Stuka nel Regno Unito.

- A titolo di paragone, le perdite dei Ju 87 nella Battaglia d'Inghilterra furono la metà di quelle subite in Francia.

Ma, mentre il Ju 87 rimase insostituibile per la distruzione delle navi, il suo irragionevole utilizzo insieme ai bombardieri convenzionali come arma strategica, si rivelò insufficiente a costringere gli inglesi a cedere.

- Alla fine del 1940, l'Italia era impantanata nel Mediterraneo e l'alleato tedesco fu costretto a correre in suo aiuto.

Fu, quindi, ordinato lo spiegamento di diverse unità Stuka, con un movimento iniziale del II./St.G 2 e del I./St.G 1 verso l'Italia, allora innevata, tutti sotto il comando dello Stab St.G 3.

Il primo, di circa 80 aerei, atterrò sul suolo siciliano a Trapani il 2 gennaio, con la missione prioritaria di attaccare le navi britanniche in navigazione tra la Sicilia e l'Africa, in particolare i convogli diretti a rifornire Malta, un compito perfettamente adatto allo Ju 87, già ampiamente collaudato in questa zona.

La maggior parte sarà del tipo "R", ideale per volare sopra il mare.

- Uno degli obiettivi principali era la portaerei britannica HMS Illustrious.

Durante l'operazione Excess, il 10 gennaio, gli Stuka intercettarono il convoglio, compresa l'Illustrious, colpendo sei volte la nave che, sebbene gravemente danneggiata, rimase a galla e fece fatica a raggiungere un porto maltese.

Il giorno dopo, al limite del loro raggio d'azione, gli aerei del II./St.G 2 incendiarono l'incrociatore HMS Southampton e colpirono il Gloucester, che dovette essere autoaffondato.

Anche Malta, roccaforte della Royal Navy nel Mediterraneo, si trovava nel mirino.

Già il 13, l'I./St.G. 1 sganciò bombe da una tonnellata su La Valletta, mentre il 16 gennaio e nei giorni successivi, i Ju 87 continuarono ad attaccare l'Illustrious all'ancora, ma la nave inglese non fu mai affondata.

- Gli attacchi causarono ingenti danni anche al suolo e anche gli aeroporti non furono risparmiati: oltre alle tre perdite del 10 gennaio, altri quattro Stuka furono abbattuti su Malta.

Il resto dello St.G 1 prese, poi, il posto del primo Gruppe alla fine di febbraio, che si trasferì in Africa, così come il II./St.G 2134.

Il trasferimento dalla Francia non fu privo di danni: un Ju 52 che trasportava i cingolati colpì il terreno a causa del maltempo, mentre due Ju 87 del III./St.G 1 subirono un guasto al motore. Uno si schiantò (il mitragliere morì) e l'altro atterrò sulle montagne e dovette essere smantellato pezzo per pezzo.

- Il 26 febbraio gli Stukas decollarono da Trapani per colpire l'aeroporto di Liqa: quattro aerei non fecero ritorno e diversi altri rientrarono con danni di varia entità e con equipaggi feriti.

Un altro raid il 5 marzo andò di nuovo male, quando i Ju 87 si ritrovarono a picchiare sotto un tappeto di bombe sganciate dall'alto dai Ju 88: questo cattivo tempismo fu, tuttavia, senza conseguenze, nonostante la successiva perdita di due aerei a causa del nemico.

All'inizio di maggio, l'I./St.G 1 tornò brevemente in Sardegna per aiutare gli altri due gruppi a intercettare il convoglio Tiger degli Alleati che trasportava i carri armati in Egitto.

Gli Stuka intervennero l'8 e il 9 maggio, ma subirono numerose perdite e non affondarono nessuna nave: l'attenzione delle operazioni si spostò, quindi, verso l'Europa orientale.

- Ancora una volta le forze italiane si trovarono in difficoltà, questa volta in Albania, e furono sfidate dalla RAF di stanza ad Atene.

Hitler lanciò quindi l'operazione Marita, il cui scopo era anche quello di preservare il petrolio rumeno. L'I./St.G 1 venne, quindi, ritirato dal Mediterraneo verso i Balcani, seguito dallo Stab, I. e III./St.G 2 e dall'I./St.G 3 che completarono lo squadrone.

Il 6 aprile 1941 Belgrado venne colpita da oltre 300 bombardieri, circa un quarto dei quali erano Ju 87 dello St.G 77, diretti contro obiettivi militari: come in Polonia, la caccia jugoslava si ritrovò ben presto sopraffatta.

- Nei giorni successivi continuarono gli attacchi contro basi aeree, obiettivi in Slovenia e Croazia e sulla linea Metaxás, occasione per l'ingresso in scena dei Ju 87 italiani.

Le fortificazioni greche, tuttavia, resistettero piuttosto bene ai bombardamenti e caddero solo grazie all'invasione delle truppe tedesche: i Ju 87 sottoposero, quindi, le truppe del Commonwealth a un bombardamento incessante, per impedire ogni fuga.

La rapida caduta della Jugoslavia permise la concentrazione di 150 Stuka sul fronte greco, mentre le truppe britanniche iniziarono l'evacuazione verso Creta e l'Egitto il 24 aprile.

Nei due giorni precedenti, la Marina greca aveva perso due cacciatorpediniere e 23 navi a causa dei Ju 87 nella zona portuale del Pireo, mentre l'I./St.G 2 aveva affondato numerose navi cargo nel Golfo di Corinto: ill giorno dopo, i Ju 87 intervennero direttamente a Creta e mitragliarono e distrussero, in particolare, un idrovolante Sunderland. Durante l'evacuazione, gli Stuka continuarono ad attaccare le navi da trasporto e una delle principali vittime fu la nave olandese Slamat da 12.000 tonnellate. Il 26 aprile, gli aerei colpirono le postazioni di artiglieria che difendevano il ponte principale verso il Peloponneso, ma, come a Dunkerque, l'evacuazione permise di mettere in salvo il massimo numero di truppe alleate.

- Gli Stukagruppen si stabilirono, quindi, nel Peloponneso, pronti a cacciare via le forze britanniche ritirate a Creta.

Circa dieci Ju 87 del III./St.G 2 effettuarono anche il viaggio verso l'isola di Kárpathos, situata in posizione ideale sulla rotta marittima per l'Egitto. Il 20 maggio i tedeschi lanciarono l'operazione aviotrasportata Merkur: tuttavia, il coordinamento tra gli Stuka e i Ju 52 era carente, in parte a causa della polvere sollevata da ogni decollo, che costringeva gli aerei ad attendere a causa della scarsa visibilità.

- A terra i paracadutisti tedeschi subirono gravi perdite, ma i Ju 87 riuscirono gradualmente ad assumere il loro ruolo di artiglieria, anche se non senza danni.

Il 22 un velivolo del St.G 77 non fece ritorno dalla baia di Suda, mentre tre aerei del I./St.G 3 vennero distrutti al decollo: 48 ore dopo, quattro Stuka del St.G 1 scomparvero; gGran parte del III./St.G 1 lasciò, quindi, la Sicilia per dare una mano.

Alla fine, i bombardamenti in picchiata diedero i loro frutti, anche grazie alla mancanza di resistenza aerea: obiettivi principali per i Ju 87, le navi ancorate e la Royal Navy.

Il 21 maggio il distaccamento di Karpathos intercettò e affondò il cacciatorpediniere Juno con l'aiuto dei bombardieri italiani, mentre la mattina successiva la corazzata Warspite fu danneggiata, così come gli incrociatori Gloucester e Fiji.

Nel pomeriggio il Greyhound venne affondato da tre bombe, mentre i due incrociatori vennero finiti dai cacciabombardieri I./St.G 1 e Bf 109.

- All'alba del 23 maggio, l'I./St.G 2 affondò cacciatorpediniere Kashmir e Kelly.

I due Gruppen dello St.G 2 si ritrovarono, quindi, a Karpathos con l'obiettivo di neutralizzare le navi provenienti da Alessandria: tuttavia, fu una pattuglia del II./St.G 2, di stanza in Africa, ad avvistare accidentalmente il convoglio il 26 maggio, mettendo fuori servizio la Formidable e il cacciatorpediniere Nubian per oltre un anno.

Infine, il 28 maggio, l'Hereward sarebbe stata l'ultima vittima degli Stuka durante l'evacuazione degli ultimi soldati da Creta.

La campagna si concluse definitivamente alla fine del mese con perdite relativamente limitate.

- Il 12 febbraio 1941, l'Afrikakorps del generale Rommel sbarcò a Tripoli e richiese supporto per le sue forze.

L'I./St.G 1 e il II./St.G 2 lasciarono, quindi, la Sicilia diretti in Libia.

Inizialmente l'obiettivo era duplice: indebolire il nemico prima della controffensiva e interromperne i rifornimenti bombardando i porti della Cirenaica.

Il 22 febbraio i Ju 87 danneggiarono la motovedetta Terror, che affondò due giorni dopo, mentre il cacciatorpediniere Dainty fu affondato.

Il porto di Tobruk e gli obiettivi circostanti costituivano altrettanti obiettivi in un assedio che avrebbe impegnato gli Stuka per quasi tutto il resto dell'anno.

L'8 maggio, il III./St.G 1 tornò in Sicilia per le operazioni notturne prima di seguire la maggior parte delle unità Stuka in Unione Sovietica.

- L'I./St.G 1, che nel frattempo aveva lasciato l'Africa per i Balcani, tornò, quindi, in Libia per unirsi all'II./St.G 2, unico gruppo rimasto in Africa.

I due Gruppen mantennero la pressione sul perimetro difensivo di Tobruk mentre gli Stuka italiani attaccavano i convogli provenienti dall'Egitto: in assenza di caccia nemici nella zona, il pericolo principale risiedeva, principalmente, nelle mitragliatrici antiaeree.

Alla fine di agosto 1941, lo Stab St.G 3 arrivò dalla Grecia per sostituire I./St.G 1 e II./St.G 2, mentre I./St.G 3 seguì un mese dopo.

- La RAF lanciò diversi attacchi contro le basi tedesche, ma senza risultati tangibili, a differenza delle tempeste di sabbia che costrinsero a terra, indiscriminatamente, tutti gli aerei.

Il 16 novembre venne lanciata l'operazione Crusader, durante la quale gli Stuka subirono notevoli danni a causa dei caccia alleati.

L'I./St.IlG 1 ne subì le conseguenze la mattina del 20: sei aerei vennero distrutti o danneggiati, mentre 18 velivoli, per lo più del II./St.G 2, vennero distrutti a terra nel pomeriggio.

Gli Stuka intercettati dovettero sganciare le bombe prima di raggiungere l'obiettivo, limitando ulteriormente il numero di attacchi contro gli obiettivi, che erano anche più dispersi nel deserto che in Grecia.

- I Ju 87 moltiplicarono le loro sortite, ma la meccanica ne risentì, in parte a causa della sabbia, e le perdite dovute ai bombardamenti alleati aumentarono.

L'arma Stuka era in declino in Africa, anche se sarebbe stata più utile ai tedeschi sul fronte russo.

Un altro problema era la spedizione dei nuovi aerei: per raggiungere il fronte meridionale dalla Germania, i Ju 87 dovevano sorvolare le Alpi, un'impresa non facile per i giovani piloti appena usciti dall'addestramento.

Molti di essi si schiantarono sulle montagne prima di raggiungere la zona di combattimento del Mediterraneo: di conseguenza, successivamente, i Ju 87 vennero pilotati da aviatori specializzati in questo tipo di volo, oppure riportati in patria da piloti esperti ritirati dal fronte.

Nel gennaio 1942 l'Afrika Korps si trovò in ritirata.

Con tre gruppi provenienti da tre squadroni diversi, si rivelò necessaria la standardizzazione delle unità Stuka.

I./St.G 1 e II./St.G 2 vennero, quindi, ufficialmente incorporati in St.G 3 e ridesignati II. e III./St.G 3: il nuovo St.G 3 prese parte al contrattacco di Rommel, che alla fine respinse gli inglesi verso est.

I suoi aerei attaccarono poi le retrovie nemiche per ostacolare la ritirata delle truppe, ma, come al solito, la Luftwaffe fu costretta a dividere le sue forze per colmare le lacune sui diversi fronti.

Il III./St.G 3 tornò, quindi, sul fronte siciliano e maltese per dare una mano agli Stuka italiani.

Grazie ai primi Ju 87D, il gruppo prese parte al bombardamento dell'aeroporto di Hal Far il 24 marzo e fu particolarmente attivo all'inizio di aprile, affondando e danneggiando un gran numero di unità navali, ma non senza danni.

Ridotto della metà, il III./St.G 3 tornò finalmente in Africa a metà maggio: durante la battaglia di Bir Hakeim, gli Stuka, aiutati dall'artiglieria e dai Panzer, martellarono la guarnigione francese per due settimane, ma pagarono un prezzo elevato, tra cui la morte del Kommandeur del I./St.G 3.

Dal 13 al 15 giugno, il II. e III./St.G 3 intercettarono il convoglio dell'Operazione Vigorous e contribuirono alla sua rotta con diversi colpi sia su navi cargo che su imbarcazioni militari.

- L'operazione Pedestal di agosto mobilitò anche l'I./St.G 3 in Sicilia.

Il 13, i suoi Ju 87 piazzarono due bombe sull'Indomitable mentre altri tre la sfiorarono da vicino, mentre 24 ore dopo danneggiarono l'incrociatore Kenya prima di fare ritorno in Libia.

Con base a 150 km da El-Alamein, gli aerei del St.G 3 volavano ormai quotidianamente, attaccando incessantemente truppe, cannoni e carri armati: tuttavia, con le comunicazioni radio decifrate e il numero di caccia nemici nella zona in aumento, il compito stava diventando molto più arduo.

- Molte volte gli Stuka dovevano sganciare le loro bombe con urgenza e non erano più al sicuro quando tornavano alla loro base, vittime dei caccia alleati che li colpivano mentre atterravano, decollavano o addirittura erano a terra.

A ciò si aggiunge l'eccessivo utilizzo dei Ju 87, che vennero impiegati come veri e propri aerei multiuso, come aerei di collegamento, per la protezione delle navi tedesche e per il soccorso in mare.

- L'11 novembre l'Ottava armata britannica raggiunse il passo Halfaya.

Gli aerei rimanenti dell'I./St.G 3 tentarono un attacco disperato, ma furono superati da una formazione di P-40 che decimò il gruppo a causa della mancanza di una scorta sufficiente: quest'ultima missione portò al suo rimpatrio in Germania, prima del suo trasferimento sul fronte orientale.

Il II./St.G 3 prese la strada per la Sardegna prima di tornare nei pressi di Tunisi dopo lo sbarco in Nord Africa.

Il 26 novembre, i carri armati americani assaltarono la base di sorpresa e distrussero 15 aerei.

Nel frattempo, il III./St.G 3 iniziò una lunga ritirata attraverso la Libia verso la Tunisia, da dove avrebbe operato: benché meglio protetta dalle incursioni via terra, la base non era, tuttavia, al sicuro dagli attacchi aerei e presto anche dall'artiglieria, costringendo il gruppo a ritirarsi sempre più lontano.

- Solo piccoli gruppi decollarono, approfittando del cielo sufficientemente coperto per sfuggire ai caccia nemici.

Inizio aprile 1943, II. e III./St.G 3 svolgeranno le loro ultime missioni africane prima di volare verso il vecchio continente.

Non sorprende che i Ju 87 fossero troppo pochi per supportare le ambizioni di Rommel in una campagna che era diventata estenuante sia per gli uomini sia per le macchine: con un solo squadrone impegnato in innumerevoli missioni, sia nel deserto africano che nel Mediterraneo, il compito era insormontabile.

- Dei tre Gruppen dello St.G 3, solo il II.Gruppe non si recò in Russia.

Lo sbarco alleato in Sicilia, e poi direttamente in Italia, indusse, infatti, il comando tedesco a mantenere alcuni Stuka per la sicurezza della zona balcanica, anche se il grosso del compito fu affidato a reparti italiani.

L'8 settembre 1943, tuttavia, una parte dell'Italia cambiò schieramento, rimescolando ancora una volta le carte. Gli Stuka furono, quindi, costretti a minacciare con le loro bombe le navi del loro ex alleato in fuga dai porti

Il II./St.G 3 fu poi impegnato nella neutralizzazione di Cefalonia alla fine di settembre, che fu conquistata dopo una dura lotta: diversi Ju 87 vennero abbattuti durante attacchi in picchiata, in particolare dal fuoco italiano.

- I Ju 87 si sarebbero distinti un'ultima volta durante la campagna del Dodecaneso all'inizio di ottobre.

La Luftwaffe inviò 75 Stukas degli Stab, I./St.G 3 e II./St.G 3 per riconquistare le isole sotto il controllo britannico, le cui basi aeree erano troppo lontane per intervenire: i Ju 87 avranno carta bianca per colpire le isole di Kos e Leros e affonderanno e danneggeranno diverse navi, tra cui un incrociatore e un cacciatorpediniere della Marina degli Stati Uniti.

Il 9 ottobre gli americani inviarono dall'Africa i loro aerei a lungo raggio P-38, che abbatterono otto Stuka sul Mar Egeo.

- In questo periodo ebbe luogo la fusione tra le unità di bombardamento in picchiata e le unità di attacco al suolo.

Fu, quindi, sotto la nuova designazione I./SG 3 che ii Ju 87 danneggiarono il loro terzo incrociatore il 30 ottobre: al 12 novembre, sull'isola greca, non era rimasto quasi più alcun cannone intatto.

Gli Stuka tornarono, quindi, al loro ruolo classico di supporto alle truppe, per neutralizzare le ultime sacche di resistenza: dopo aspri combattimenti, gli inglesi, e i loro nuovi alleati italiani, alla fine capitolarono, portando alla definitiva partenza dell'SG 3 dal Mediterraneo.

- Il 22 giugno 1941 la Germania lanciò l'invasione dell'Unione Sovietica (Operazione Barbarossa).

In totale, 273 Ju 87, di cui 183 dichiarati operativi, ai quali si aggiunsero 36 esemplari del IV./LG 1 operativi nel Circolo Polare Artico.

Le missioni vennero condotte a un ritmo frenetico, con i Ju 87 che sganciavano bombe su mezzi corazzati, quartier generali e batterie antiaeree e mitragliavano veicoli e fanteria, il tutto con due perdite in combattimento.

Il giorno successivo, gli St.G 1 e 2 penetrarono fino a 150 km nel territorio nemico per colpire treni militarizzati e scali di smistamento, mentre a sud, lo St.G 77 si concentrò sulla fortezza di Brest-Litovsk, che sarebbe, infine, caduta il 29 giugno sotto i colpi dei Ju 88, armati più pesantemente.

- Dal 28 giugno e per dodici giorni, gli Stukagruppen impiegarono tutte le loro forze nella battaglia di Białystok-Minsk.

L'obiettivo, ovvero quello di accerchiare le forze dell'Armata Rossa attorno a Minsk, ebbe successo: tutti i tentativi russi di contrattacchi e di sfondamenti si conclusero con un fallimento.

Così la Wehrmacht riuscì a catturare diverse decine di migliaia di prigionieri sovietici e ad avanzare in Unione Sovietica così rapidamente che alcuni pensarono che la Germania avesse già vinto la guerra contro la Russia.

I Ju 87 avevano come bersaglio i movimenti delle truppe, i ponti e la rete ferroviaria: costantemente in prima linea, i Ju 87 lasciarono dietro di loro centinaia di relitti di carri armati, veicoli e aerei.

- Ma questo nuovo fronte era vasto, molto vasto, e si estendeva dal Baltico al Mar Nero, il che costrinse la Luftwaffe a frammentare le sue forze.

Mentre lo St.G 1 e lo St.G 2 supportavano i Panzer nella presa di Smolensk, lo St.G 77 operò con urgenza il 7 agosto per fermare un assalto sovietico in Ucraina, dove i sovietici stavano utilizzando treni blindati per supportare la loro artiglieria.

Nello stesso periodo, lo St.G 2 venne presto inviato sul fronte settentrionale, e a metà agosto coprì l'attraversamento del fiume Lovat da parte del 3. SS-Panzergrenadier e la sua avanzata sull'altra sponda.

Seguirono il Fronte Volchov, dopo di che l'unità si stabilì nel settembre 160 km a sud-ovest Leningrado.

- Il I e il III./St.G 2 avranno anche il compito di neutralizzare le navi ancorate nel porto di Kronstadt a metà settembre, anche se le prime missioni furono ostacolate dal maltempo e dalle bombe da 500 kg sottodimensionate.

Armati con bombe da 1.000 kg, i Ju 87 tornarono alla carica il 21 settembre sotto una pioggia di contraerea di rara intensità che causò numerose perdite: infine, le corazzate Marat e Rivoluzione di Ottobre, nonché diversi cacciatorpediniere e un sottomarino, furono gravemente danneggiati o affondati.

Nell'estremo nord, i Ju 87R a lungo raggio del IV./LG 1 di stanza a Kirkenes avrebbero dovuto colpire originariamente nel Mare di Barents, ma le cose sarebbero andate molto diversamente.

Dopo aver neutralizzato le forze aeree nemiche, il gruppo scese il 1° luglio a Rovaniemi, in Finlandia, per supportare il 36° Corpo d'armata nel taglio del collegamento ferroviario Murmansk-Mosca nella regione di Salla: una volta stabilizzata la situazione, due terzi del gruppo tornarono a Kirkenes per prendere Murmansk.

- Ma il grande porto della città, così come la linea ferroviaria che lo collegava alla Russia centrale, non sarebbero mai stati neutralizzati, nonostante i numerosi bombardamenti che avevano lasciato il campo libero sia ai convogli marittimi alleati sia ai rifornimenti ferroviari.

Moltiplicando le sortite giornaliere, su distanze molto lunghe, il IV./LG 1 non aveva personale sufficiente per portare a termine tutti i compiti, una situazione sintomatica della Luftwaffe sull'intero fronte russo.

Nell'autunno Hitler abbandonò la cattura di Murmansk.

Grazie alla conquista del territorio a sud-est di Salla, gli Stuka furono in grado di attaccare la rete ferroviaria attorno a Kandalaksha e lungo le coste del Mar Bianco, ma le nevicate di ottobre e la diminuzione del sole finiranno per bloccare l'attività aerea.

Nel frattempo, i Ju 87 dello St.G 77 erano all'opera contro la flotta sovietica nel Mar Nero: così, il 18 agosto, il sottomarino

D-6 fu danneggiato a circa 100 km a ovest di Sebastopoli e distrutto nello stesso porto a novembre.

Il 7 settembre l'unità bombardò il cacciatorpediniere Sposobny nel porto di Odessa, mentre cinque giorni dopo, la cannoniera Udarnity affondò durante un attacco dei Ju 87, che non riuscirono, però, a colpire l'incrociatore Krasny Kavkaz.

- Nell'ottobre dello stesso anno, lo St.G 77 appoggiò anche le truppe di terra lungo il Mar d'Azov, in direzione di Rostov sul Don.

L'incrociatore Chervonaya Ukraina fu l'ultima grande unità navale a essere affondata il 12 novembre.

Alla fine dell'anno, lo St.G 77 dovrà, comunque, essere sul piede di guerra, per fronteggiare il contrattacco sovietico e riconquistare Rostov. Il solo II./St.G 77 distrusse, nel 1941, 140 carri armati, 45 pezzi di artiglieria, 43 cannoni antiaerei, 10 navi, per non parlare dei numerosi attacchi a stazioni, ponti e vie di comunicazione.

- Sul fronte centrale, il II. e III./St.G 1 avanzarono verso Mosca, bombardando ponti, la rete ferroviaria, truppe e fortificazioni.

Nella prima metà di settembre, l'unità si ritrovò a sud della capitale per un assalto finale, ma anche in questo caso l'avversario riuscì a mettere in difficoltà le due unità tedesche.

Il 2 ottobre iniziò l'operazione Taifun e gli Stuka erano costantemente in prima linea, in una situazione che si stava rivoltando a loro sfavore.

L'I./St. In particolare, il G 2 dovette difendere il proprio territorio circondato dal nemico il 28 ottobre, sia in aria sia a terra: da quel momento in poi la pioggia, la neve e, soprattutto, il fango complicarono tutte le operazioni, anche se il freddo che seguì permise al terreno di indurirsi.

- Il 6 novembre gli Stuka del St.G 2 supportarono il 23°
  Corpo d'Armata che arrivò a 15 km da Mosca.

Dopo 24 ore, il termometro era sceso a -20 gradi: in queste
condizioni era difficile avviare i motori e volare con visibilità
ridotta, anche se i Ju 87 erano ancora presenti fino alla fine del
mese.

Tuttavia, gli equipaggi erano esausti, le macchine e l'impianto
idraulico soffrivano e talvolta era necessario ingegno per
preparare gli aerei e riscaldare i motori.

All'inizio di dicembre, III./St.G 1, I./St.G 2 e II./St.G 77
tornarono per riequipaggiarsi, mentre gli altri cinque gruppi
rimasero sul posto.

- In questo primo anno in Oriente, gli Stukagruppen
  oersero 155 velivoli.

Assenti dal fronte di Leningrado, bloccati sul fronte di Mosca,
gli Stuka rimasero impegnati nell'offensiva solo nel settore
meridionale.

Il 4 gennaio 1942, sei aerei dello St.G 77 distrussero
l'incrociatore Krasny Kavkaz al largo di Sebastopoli, che era
allora sotto assedio tedesco: l'unità sarà attiva lungo il fiume
Mius a nord di Taganrog, per poi concentrarsi sulla Crimea,
nella regione di Kerch.

Il II. Il gruppo tornò nella zona dopo essersi riequipaggiato con i
Ju 87D, consentendo il disimpegno del I./St.G 77.

Il II./St.G 77 dovette, tuttavia, tornare indietro di 450 km più a
nord, dove l'Armata Rossa stava contrattaccando sul Donec a
Izioum.

Da solo a Kerch, il III./St.G 77 distrusse le postazioni di
artiglieria il 24 febbraio e cinque giorni dopo rivendicò una
ventina di veicoli corazzati distrutti e danneggiati: al''inizio di
maggio, nonostante il clima capriccioso, l'intero St.G 77
condusse degli assalti decisivi per conquistare la penisola.

Le unità Stuka dimostrarono, quindi, la loro efficacia quando guidate come un unico corpo, consentendo attacchi pianificati e concentrati.

Nel frattempo, lo St.G 77 rivolse i suoi cannoni più a nord per catturare Karkhov: i primi Stuka arrivarono nella regione il 13 maggio e, nelle due settimane successive, bombardarono carri armati, artiglieria, lanciarazzi mobili, convogli e concentrazioni di truppe.

- I Ju 87 bloccarono, inoltre, ogni ritirata sovietica distruggendo cinque ponti principali sul Donec.

Senza avere il tempo di riposarsi, lo St.G 77 salpò nuovamente per la Crimea per risolvere la questione di Sebastopoli: i bombardamenti durarono cinque giorni e i Ju 87 distrussero la centrale elettrica e la stazione di pompaggio principale della città, attaccando poi le posizioni sovietiche e i villaggi fortificati lungo il settore settentrionale della cintura difensiva esterna.

- Gli Stuka supportarono la lenta avanzata della fanteria, colpendo bunker e batterie costiere e tagliando fuori i rifornimenti via mare.

Così il 18 giugno, lo St.G 77 prese parte all'attacco a cinque mercantili a circa 100 km dalla costa: con l'avvicinarsi della fine dei combattimenti, il Il Fliegerkorps tornò in Ucraina il 23 giugno, ma gli Stuka continuarono a bombardare la zona del porto e le sue difese, per annientare eventuali rinforzi russi.

- Il 26 venne affondato il cacciatorpediniere Bezuprechny e il sottomarino S.32: un ultimo bombardamento il 1° luglio precedette la caduta di Sebastopoli.

Nella regione di Murmansk, il compito della IV./LG 1, ribattezzata I./St.G 5 dalla fine di gennaio, non si discosterà molto da quello dell'anno precedente. Tuttavia, le sortite richiedevano ora una scorta più numerosa, a fronte di una caccia sovietica sempre più organizzata e in crescita.

I danni sulla rete ferroviaria si rivelarono tanto inefficaci quanto frustranti, poiché i russi riparavano i binari molto rapidamente.

Tuttavia, nel loro ruolo di supporto tattico, i Ju 87 erano in grado di rispondere rapidamente alle chiamate della fanteria.

Il 23 aprile l'I./St.G 5 affondò anche un rimorchiatore e una gru galleggiante: in una seconda sortita, sette Ju 87 attaccarono una base aerea a Severomorsk, mentre il 15 maggio il gruppo danneggiò il sottomarino Shch-403 e la nave cargo americana Yaka da 6.187 tonnellate; infine, 48 ore dopo, gli Stukas bombardarono la linea ferroviaria a Kandalaksha, lungo le rive del Mar Bianco.

Il 1° giugno la nave cargo Subbotnik venne colpita dagli Stuka, che persero un aereo: altri due sarebbero caduti sotto i proiettili dei caccia russi il giorno dopo durante un attacco al sottomarino Shch-404, che sarebbe rimasto danneggiato.

Infine, il 24 giugno, affondò anche il dragamine HMS Gossamer. L'I./St.G 5 si mosse poco per il resto del 1942, alternandosi occasionalmente tra la regione artica e il fronte finlandese.

Al centro, il contrattacco sovietico manteneva la pressione per proteggere Mosca. Lungo il cammino erano ancora accampati lo Stab e il III./St.G 2, a circa 50 km a nord di Viazma, e a metà gennaio queste unità riuscirono a contenere uno sfondamento nemico nei pressi di Rzhev.

Il 18, veicoli corazzati segnalati a nord minacciavano direttamente la base tedesca: alle prime luci dell'alba, gli Stuka si alzarono in volo per tutto il giorno per contrattaccare, con voli che non duravano più di 15 minuti. Grazie all'aiuto delle difese terrestri, l'aeroporto resistette per 72 ore prima dell'arrivo della 2. SS-Panzerdivision Das Reich.

Più a nord, la situazione si metteva male per l'esercito tedesco, con 3.500 uomini circondati nella sacca di Kholm e altri 95.000 nella sacca di Demiansk.

L'I./St.G 2 fu il primo gruppo Stuka ad arrivare sulla scena, appena equipaggiato con i Ju 87D. Il "D" rappresentò un grande passo avanti rispetto alla versione "B", sebbene l'aereo rimanesse vulnerabile al suo peggior nemico: la difesa antiaerea.

- Ma lo Stuka dimostrò ancora una volta il suo valore, respingendo uno sfondamento delle linee nei pressi di Staraya, un importante nodo stradale e ferroviario.

I russi concentrarono, quindi, i loro sforzi lungo il fiume Volchov, che collegava i laghi Ilmen e Ladoga.
La Luftflotte 1 era in formazione di battaglia a marzo con tre Stukagruppen tra cui, oltre al I./St.G 2 e al III./St.G 1, a metà gennaio era stato creato anche il II./St.G 2, che, tuttavia, cominciò male nella sua prima sortita su Volkhov, con sei aerei mitragliati durante la fase di atterraggio dai caccia russi.

Alla fine di marzo la Luftwaffe operò nuovamente nel Mar Baltico, che era allora ghiacciato (operazione Eisstoß): il 4 aprile, gli Stuka del II./St.G 2 e III./St.G 1 sganciarono le loro bombe sul porto di Leningrado, ma causarono pochi danni alle navi da guerra e alle altre navi cargo, in quanto furono notevolmente ostacolati da un potente fuoco di sbarramento.

All'inizio di maggio, il I. e il II./St.G 2 si ritirarono ingloriosamente dal Baltico a Graz, in Austriae a loro si unirà il III./St.G 2 rimpatriato dal Viaszma.

- Nel frattempo il III./St.G 1 era tornato sul fronte Demiansk-Kholm, dove la pressione russa era di nuovo minacciosa.

Durante questo periodo, le perdite del gruppo aumentarono gradualmente: più di dodici membri dell'equipaggio persero la vita, dieci dei quali a causa del fuoco antiaereo.

Rimase il II./St.G 1 che, durante tutto l'inverno del 41-42, riuscì a mantenere il fronte centrale a sud-ovest di Mosca.

In primavera il gruppo respinse anche diversi contrattacchi sovietici, limitando, però, le perdite di Stuka nonostante l'elevato livello di attività.

- Dal nord al centro, lo II. e III./St.G 1 erano, quindi, gli unici a gestire quasi 2.000 km di fronte.

Poiché le unità Ju 87 erano troppo esigue, l'alto comando della Luftwaffe decise di trasformarle in unità mobili autonome, capaci di raggiungere qualsiasi punto del fronte senza ricorrere agli aerei da trasporto: la riorganizzazione dello St.G 2 fu, quindi, effettuata di conseguenza, con un quarto dei Ju 87 dotati di gancio di coda e una quarantina di alianti, che consentirono un rapido spiegamento.

- Hitler, tuttavia, perse interesse per Mosca e lanciò l'Operazione Blu, prendendo di mira i giacimenti petroliferi del Caucaso.

L'operazione iniziò il 28 giugno e gli Stuka appoggiarono immediatamente l'avanzata dei Panzer su Voronezh prima di inviare i loro 120 Junker in un raid sulla città stessa.

Il gruppo I./St.G 2 prese di mira una fabbrica di carri armati, mentre gli altri due gruppi attaccarono un'artiglieria e due fabbriche di munizioni. I Ju 87 non incontrarono caccia nemici e il fuoco antiaereo rimase debole, senza causare perdite all'unità.

- Tuttavia, 48 ore dopo l'inizio dell'operazione, il Führer decise di dividere le sue forze, includendo anche la cattura di Stalingrado.

Lo St.G 2 seguì, quindi, l'VIII. Fliegerkorps nella grande città del Volga a supporto del Gruppo d'armate B, mentre St.G 77 e il IX. Fliegerkorps supportava il Gruppo d'armate A nel Caucaso.

- Dopo aver protetto il fianco destro contro Voronezh, lo St.G 77 si schierò nell'avanzata su Voroshilovgrad, che cadde il 19 luglio.

Pochi giorni dopo, anche Rostov sul Don capitolò e lo St.G 77 partecipò ai festeggiamenti per le sue 30.000 missioni in Russia.

- Il 28, elementi dell'unità presero di mira le cannoniere nel Mar d'Azov.

Avanzando sempre di più, gli Stuka del Caucaso consentirono una rapida avanzata del Gruppo A, che conquistò le città di Vorošilovsk, Maykop e Krasnodar in circa dieci giorni all'inizio di agosto: tuttavia, il movimento stava già esaurendo le sue forze, con i russi che controllavano saldamente le coste del Mar Nero, mentre i giacimenti petroliferi del Caspio rimanevano fuori dalla loro portata.

- Al contrario, il vantaggio del Gruppo B stava aumentando.

Infatti, il 22 agosto l'I./St.G 77 venne dispiegato a Stalingrado, mentre lo Stab e il II./St.G 77 si presero una pausa a Taganrog, vicino a Rostov, per riequipaggiarsi.

Nella zona rimase solo il III./St.G 77, al quale si unì l'Ergänzungsstaffel dello St.G 2, composto da piloti e velivoli che terminavano l'addestramento: quest'ultimo, tuttavia, si distinse partecipando a numerose incursioni su Tuapse, la principale base navale sul Mar Nero.

Il III./St.G 1 rimase in prima linea in tutte le direzioni, spostandosi da una parte all'altra, attaccando le chiatte sul lago Ladoga che rifornivano Leningrado assediata, contenendo nel contempo un assalto mirato a riconquistare Lyuban.

A metà luglio il gruppo ritornò nella regione del lago Ilmen prima di prendere Orel qualche giorno dopo, dopo che la zona era stata abbandonata per un mese dal II./St.G 1, che era stato inviato più a sud per aiutare a respingere una controffensiva di una potente forza corazzata.

Anche il combattimento anticarro faceva parte della vita quotidiana del III./St.G 1 nella regione di Orel, con veicoli corazzati spesso ben nascosti ma che tradivano la loro presenza dai segni dei cingoli.

Oltre ai 41 carri armati distrutti e ai 52 danneggiati, nel giro di pochi giorni si aggiunsero numerosi convogli di veicoli, postazioni di fanteria e villaggi fortificati.

- A settembre il gruppo ritornò a Leningrado e rimase nei pressi dell'Ilmen per il resto dell'anno.

Ad eccezione del III./St.G 2, di stanza a Viazma sull'asse Smolensk-Mosca, l'Immelmann Geschwader aprì di fatto la strada alla 6a Armata attraverso le pianure del Don: il 29 luglio, i suoi Stuka erano già posizionati a Oblivskaya, a soli 150 km da Stalingrado.

Alla battaglia si unì anche il II./St.G 1, che fino a poco tempo prima aveva operato in modo indipendente a est di Kharkov e nei pressi di Taganrog, sul Mar d'Azov.

- I Ju 87 distrussero molti carri armati, veicoli e pezzi di artiglieria.

L'I./St.G 77, anch'esso presente nella zona, rimase solo per un periodo molto breve: dopo aver effettuato numerosi attacchi a nord-ovest di Stalingrado a favore della 16a Divisione corazzata, il gruppo si ritirò per riequipaggiarsi.

Gli ultimi giorni di agosto a Oblivskaya non furono un periodo di tregua per il I., II./St.G 2 e II./St.G 1, che dovettero affrontare un contrattacco dei carri armati sovietici, a costo di numerose perdite.

A Stalingrado, gli Stuka venivano spesso impiegati per attaccare obiettivi specific, supportati dai Bf 110 per la ricognizione aerea, per perfezionare le mappe e gli obiettivi da elaborare.

- A metà settembre, gli Stukagruppen avanzarono verso Karpovka, un terreno dolcemente inclinato a soli 40 km a ovest di Stalingrado.

Nell'ottobre, dopo aver preso i due terzi della città, gli Stuka puntarono le armi contro il restante terzo, ammassatoi sulle rive del Volga.

Il 19 novembre l'Armata Rossa iniziò la sua mossa a tenaglia contro la Sesta Armata.

Gli aerei sovietici continuavano a molestare il territorio tedesco, ma la loro scarsa precisione consentì ai Ju 87 di proseguire nei loro sforzi, per supportare le truppe il più a lungo possibile.

Il 22 novembre la base fu direttamente minacciata da uno sfondamento sovietico, ma la Luftwaffe respinse temporaneamente il nemico nonostante perdite significative: 24 ore dopo, gli Stuka si ritirarono a Oblivskaya e solo un piccolo commando continuò le operazioni nella sacca nonostante la neve, finché le munizioni e il carburante non finirono.

- Circa 500 membri del personale di terra del St.G 2 rimarranno sul posto per difendere il sito, armi in pugno, verso un destino incerto.

II./St.G 1 si ritirò a Morozovsk e, dopo alcune altre missioni sul Don, si recò nella parte posteriore del fronte per riequipaggiarsi, lasciando il suo ultimo aereo allo St.G 2.

Il 25 novembre, Oblivskaya si trovò sul punto di essere sopraffatta da un'intera divisione di fanteria, seguita da uno sfondamento corazzato nel pomeriggio: tuttavia, gli equipaggi dei Ju 87 annientarono i due attacchi.

Alla vigilia di Natale, l'unità avrebbe dovuto spostarsi nuovamente verso ovest, verso Tazinskaja, ma i piloti tornarono indietro a causa del maltempo: una battuta d'arresto che salvò loro la vita, perché i sovietici avevano appena attaccato Tazinskaja, annientando sul posto uno squadrone di trasporto.

Da soli e senza copertura terrestre, i Ju 87 avrebbero impegnato il combattimento con la fanteria per una settimana a nord della città e attorno al loro territorio, prima dell'arrivo di rinforzi via terra e via aria, al fine di consolidare una parvenza di cortina difensiva.

Ancor prima della resa tedesca a Stalingrado, l'esercito russo iniziò ad avanzare attraverso i meandri del Don.

Alla fine di gennaio, i Ju 87, ridotti al minimo indispensabile, combatterono a Shakhty, nel bacino del Donec, dando la caccia a veicoli, cannoni e carri armati dislocati tra siti industriali, foreste e miniere.

A febbraio, lo St.G 2 operava principalmente nella regione di Donetsk in Ucraina, ma la coltre di neve rendeva i decolli e gli atterraggi molto complicati.

- Nella terza settimana di febbraio, la riconquista di Kharkov da parte dei russi mobilitò il Gefechtsverband

Hozzel, un distaccamento di Stuka composto da I. e I./St.G 2, il II./St.G 1 appena riequipaggiato e l'I./St.G 77 ritiratosi da una breve permanenza nel Kuban.

Nello stesso periodo, sempre a febbraio, una nave di stanza nelle sabbie africane, venne assegnata al settore del Kuban per effettuare attacchi contro la testa di ponte stabilita dai russi nel porto di Novorossijsk.

Contemporaneamente, venne sviluppato un nuovo sistema d'arma per il combattimento anticarro, con l'adozione di due enormi cannoni da 37 mm.

Fu rapidamente istituita un'unità speciale che eseguì i primi test a Bryansk a marzo, e, dopo quindici giorni di test su bersagli fittizi, l'unità venne inviata d'urgenza in Crimea, destinazione Kertsch, dove i russi si stavano avvicinando alla penisola e i carri armati nemici diventavano sempre più numerosi.

- Il cannone da 37 mm si rivelò, inizialmente, inefficace, anzi troppo vulnerabile alle armi antiaeree a causa delle sue prestazioni ridotte.

Ad aprile, i sovietici tentarono di aggirare le regioni paludose della punta meridionale del Mar d'Azov utilizzando mezzi di trasporto anfibi in legno: i nuovi Stuka, denominati Ju 87G , furono, quindi, inviati nella zona e nel giro di pochi giorni polverizzarono più di 100 chiatte, dimostrando finalmente l'efficacia del processo.

A metà giugno furono creati due squadroni sperimentali di Ju 87G, poi divisi e assorbiti da St.G 2 e St.G 1 come decimo squadrone anticarro. Quest'ultima deteneva, da febbraio, il settore centrale del fronte, ma non riuscì a impedire ai sovietici di riprendere Rzhev il 3 marzo.

Per presidiare il settore di Orel, Livny, fulcro della rete di rifornimento dell'Armata Rossa, fu sottoposta a massicci bombardamenti da parte degli He 111 e dei Ju 87 del II. e

III./St.G 1, che prese di mira specificamente una stazione ferroviaria e un deposito di munizioni, la cui distruzione lasciò la città devastata.

- Pochi giorni dopo, tuttavia, l'II./St.G 1 subì una grave battuta d'arresto, perdendo metà dei suoi 36 aerei, 9 abbattuti e altrettanti gravemente danneggiati, durante un attacco a un'altra stazione a sud di Orel.

Operando sia a sud del lago Ladoga che del circolo polare artico, grazie all'adozione di un quarto squadrone (4./St.G 5), i 32 velivoli dell'I./St.G 5 gestivano 2.000 km di fronte.

Tra gennaio e giugno 1943 vennero effettuati circa 200 attacchi alla linea ferroviaria che riforniva Murmansk, perdendo quattro Ju 87. All'inizio di giugno, l'I./St.G 5 divenne I./St.G 1, sostituendo quello operante in Africa, che nel frattempo era diventato II./St.G 3.

Per mantenere una presenza nell'estremo nord, sulla base del rimanente 4./St.G 5, venne creato in Norvegia un nuovo I./St.G 5: le missioni del nuovo gruppo non saranno diverse da quelle del suo predecessore, ovvero la "neutralizzazione" della ferrovia e la distruzione dei porti e delle installazioni costiere.

- Il 5 luglio 1943 venne lanciata l'Operazione Zitadelle.

Vi presero parte circa 350 Stuka, così distribuiti:
- Sul fianco settentrionale, i Ju 87 dello St.G 1 e III./St.G 3.
- A sud, nei pressi di Kharkov, i sei gruppi di St.G 2 e 77.

Una formazione di Ju 87 della Luftwaffe in Russia (dicembre 1943).

Alle 4 del mattino, Stab e III./St.G 1 partirono per primi per bombardare la stazione ferroviaria di Kursk senza troppe difficoltà.

Il II./St.G 1 che seguì, tuttavia, subì pesanti perdite sotto il fuoco dei sempre crescenti caccia sovietici, in particolare il Lavochkin La-5 e lo Yakovlev Yak-9.

- Entrò, quindi, in gioco il Ju 87G e ben presto il "D" e il "G" si divisero i compiti: i primi si occuparono di mettere a tacere le batterie antiaeree e la fanteria nemica, mentre i secondi attaccarono i carri armati.

Gli aerei, armati con i cannoni da 37 mm, superarono tutte le aspettative e consentirono di distruggere un gran numero di veicoli corazzati. Volando dalla mattina alla sera, richiamati ovunque fosse necessario, i piloti degli Stuka accumulavano una quantità di missioni anche per coloro che arrivavano tardi al fronte: tuttavia, le perdite aumentarono naturalmente e non risparmiarono nemmeno i veterani. Ancora più dei caccia, le armi antiaeree si rivelarono molto più letali per i Ju 87, che, tuttavia, erano in grado di resistere al fuoco pesante.

A metà luglio i tedeschi non avanzavano più e lo St.G 2 si spostò sul fianco settentrionale, dove la situazione della Wehrmacht non era molto buona.

Il II./St.G 1 tornò brevemente a Leningrado prima di tornare a difendere il fronte di Smolensk: a Kursk, i Ju 87 presero parte a una massiccia controffensiva aerea e salvarono due armate tedesche dall'accerchiamento, riducendo l'attacco dell'11ª armata sovietica a soli 33 carri armati.

- Alla fine della battaglia, alla Luftwaffe erano rimasti solo 184 Stuka, una battaglia che causò il dissanguamento degli Stukagruppen più di ogni altra.

Il III./St. Il G 3 venne poi trasferito in Crimea, zona abbandonata dal I./St.G 3 due mesi prima, mentre lo St.G 1 continuò a operare sul fronte centrale a settembre, prima di ritirarsi in Bielorussia il mese successivo.

Nel frattempo, lo St.G 2 copriva due Panzerarmee fino al Dnepr, evitando l'accerchiamento delle forze di terra da Kharkov al Mar d'Azov.

Nell'ultima settimana di settembre, i suoi aerei erano a Dnipropetrovsk, sulla riva orientale del fiume, ma gli incessanti attacchi resero questa posizione insostenibile, costringendo lo squadrone a ritirarsi sempre più all'interno dell'Ucraina.

- Gli ultimi grandi attacchi degli Stuka in Russia ebbero luogo nel Mar Nero.

Nella notte tra il 5 e il 6 ottobre, tre cacciatorpediniere russi minacciavano i porti nella Crimea meridionale: scoperti dai sottomarini e poi dalla ricognizione aerea, alle prime luci dell'alba, i Ju 87 del III./St.G 3 individuarono il Kharkov da 2.500 tonnellate e lo colpirono con diversi colpi.

La seconda ondata di Stuka si divise per attaccare tutte e tre le navi contemporaneamente, in modo da aggirare l'artiglieria antiaerea.

La Kharkov subì nuovamente gravi danni, così come la Bezposhchadny, mentre lo Sposobny, il meno colpito, prese a rimorchio alternativamente le due navi per allontanarsi dal raggio d'azione, ma invano, in quanto un terzo attacco fece saltare in aria il deposito munizioni del Bezposhchadny, mentre l'equipaggio del Kharkov abbandonò la nave, nuovamente colpita.

Mentre la Sposobny stava recuperando i naufraghi, fu colpita da due bombe provenienti da una quarta ondata, che la fecero affondare.

- Ancora una volta chiamati in piccole quantità durante la battaglia di Kiev, i reparti di 87 non riuscirono a fermare l'avanzata sovietica.

Inoltre, a causa della superiorità numerica russa nell'aria, molti Stuka vennero distrutti a terra durante i bombardamenti e diversi piloti tedeschi persero la vita in questo modo.

Come in Africa e da molto tempo, le unità Stuka si stavano rivelando troppo esigue per sostenere un fronte ampio come quello russo.

Il bombardamento in picchiata era ideale per supportare l'offensiva tedesca, ma alla fine del 1943 la Wehrmacht era sulla difensiva ovunque.

Il Ju 87 fu costretto a svolgere il ruolo di vigile del fuoco d'emergenza, ben lontano dal suo ruolo iniziale: pertanto, nell'intervallo tra il 18 ottobre 1943, le unità St.G divennero

Schlachtgeschwadern (squadroni d'assalto) SG, e gradualmente convertite al nuovo caccia bombardiere Focke-Wulf Fw 190F o all'aereo d'attacco Hs 129.

Lo Sturzkampfgeschwader aveva appena cessato di esistere.

Tecnica

Lo Stuka fu il bombardiere tattico di gran lunga più importante messo in campo dalla Luftwaffe.

Era immediatamente riconoscibile per il suo carrello fisso e per la celebre ala a "gabbiano invertito" o a "doppia V", con le superfici mobili separate, secondo la tipica configurazione Junkers d'anteguerra.

- A seguito di un incidente avvenuto in Spagna, i progettisti decisero di dotare lo Stuka di un meccanismo di richiamo automatico che faceva uscire l'aereo dalla picchiata anche senza l'intervento del pilota.

Un'intera formazione di Ju 87, in quell'occasione, aveva, infatti, effettuato la cabrata troppo tardi dopo il bombardamento e si era schiantata al suolo.

Uno dei difetti operativi derivanti da un attacco in picchiata contro un obiettivo terrestre consisteva, infatti, nella violenta accelerazione verticale verso l'alto, fino e oltre 6 G, subita dal pilota durante la fase di cabrata che permetteva il disimpegno dell'aereo dopo lo sgancio della bomba.

- Tale accelerazione provocava un deflusso del sangue dal cervello alle estremità inferiori.

Il pilota tendeva, quindi, a svenire, per riduzione della quantità di sangue nel cervello, al culmine dello sforzo, generalmente coincidente con lo sgancio della bomba.

I progettisti tedeschi ebbero, però, il merito di aver pensato anche a questa evenienza, realizzando un sistema di richiamo automatico della barra, da attivarsi prima della picchiata, capace di riportare in quota l'aereo dopo l'attacco anche in caso di svenimento del pilota, che aveva tutto il tempo durante la risalita di riprendere i sensi e, quindi, il comando dell'aereo.

- Vi era, inoltre, un dispositivo per il bombardamento in picchiata che includeva una forcella a cui veniva agganciata la bomba che, immediatamente prima dello sgancio veniva allontanata dalla fusoliera.

Su suggerimento del Generale Ernst Udet, capo del servizio tecnico della Luftwaffe, sugli Stuka furono montate delle sirene azionate dal flusso dell'aria, chiamate "trombe di Gerico", il cui suono aveva effetti devastanti sul morale dei soldati nemici e della popolazione civile: l'idea fu poi ripresa da alcune unità dell'aviazione statunitense fino ai tempi della guerra in Corea.

- La sirena, meccanica, era montata su ciascun carrello di atterraggio, o anche solo su uno.

Si trattava di una piccola elica che, girando, produceva un suono acuto durante le picchiate, il cui suono aumentava proporzionalmente alla velocità dell'aria che scorreva attorno all'aereo: il pilota poteva attivarlo tramite un comando situato all'interno della cabina di pilotaggio, mentre si disconnetteva automaticamente quando i freni di immersione si ritraevano.
Questo suono acuto, rapidamente associato ai bombardamenti in picchiata, aveva lo scopo di terrorizzare la popolazione e demoralizzare i militari.

- Si è anche detto che permettevano al pilota dell'aereo di indovinare la velocità raggiunta in picchiata, in quanto bastava ascoltare il rumore per saperlo, potendo così rimanere concentrato sull'attacco.

Tuttavia, le sirene furono probabilmente rimosse da molti Ju 87 in servizio, e questo a partire dall'anno 1940: esse rallentavano, infatti, un aereo che era già piuttosto lento e il loro rumore allertava il nemico della sua presenza. Al loro posto è stata poi fissata una copertura protettiva conica.
Infine, e fatta eccezione per l'inizio della guerra, le sirene furono utilizzate molto poco, ma il rumore caratteristico che

producevano rimase associato nell'immaginario collettivo allo Ju 87.

Questo modello di Ju 87B mostra le piccole eliche nere, alla radice di ogni gamba del carrello di atterraggio, che azionavano le sirene ruotando con il vento.

Lo Stuka era amato dai suoi equipaggi per la robustezza e dai soldati della Wehrmacht per la sua grande precisione, essendo capace di centrare con le sue bombe bersagli piccoli come un carro armato o una casamatta.

La differenza fra i bombardieri convenzionali e i bombardieri in picchiata è che mentre i primi sganciano grappoli di bombe su un'area piuttosto vasta navigando in volo orizzontale, i secondi si dirigono verticalmente (in picchiata) verso l'obiettivo da colpire e giunti vicino a esso sganciano una sola bomba, ottenendo così una precisione maggiore.

- L'attacco in picchiata si era già rivelato come l'ideale per colpire bersagli in movimento o di difficile inquadramento, come ponti, postazioni fortificate, carri armati o navi.

Questa tecnica è stata molto usata negli scontri aeronavali durante la Seconda Guerra Mondiale.

L'armamento era composto da 2 mitragliatrici alari MG 17 da 7,92 mm fisse e una MG 81Z doppia da 7,92 mm brandeggiabile nell'abitacolo posteriore.

- Le armi di caduta erano varie combinazioni di bombe da 50, 250 o 500 kg per un totale di 1.800 kg sotto la fusoliera o sotto le ali.

La versione G era dotata di cannoncini controcarro da 37 mm.

- La corazzatura dello Ju 87D lasciava molto a desiderare.

Il pilota era protetto posteriormente da una piastra corazzata verticale spessa 8 mm e lateralmente, in basso e anteriormente da una corazzatura spessa 4 mm.

Il sedile era costituito da un'armatura da 4 mm, il poggiatesta da un'armatura da 10 mm, mentre la calotta della cabina di pilotaggio era realizzata in vetro antiproiettile spesso 60 mm.

Dietro il motore, sui lati della fusoliera, erano installate due piastre corazzate sagomate da 5 mm, tra le quali, sul pavimento della cabina, si trovava una piccola finestra per l'osservazione verso il basso dalla cabina del pilota, che, però, era completamente coperta dalla bomba quando questa era sospesa sotto la fusoliera.

- Queste piastre corazzate proteggevano parzialmente il pilota e il serbatoio dell'olio.

La protezione della corazza del mitragliere era ancora peggiore e comprendeva una piastra corazzata verticale spessa 8 mm con lati da 5 mm, un pavimento corazzato da 5 mm e una calotta corazzata convessa composta da due piastre corazzate laterali simmetriche da 8 mm, oltre a una piastra corazzata superiore da 5 mm, montate sul soffitto della torretta.

- I radiatori dell'acqua erano protetti dall'alto, dal basso, nella parte anteriore e posteriore, da piastre corazzate piatte da 4 mm.

I radiatori dell'olio erano protetti da una corazza solo nella parte inferiore, con una piastra corazzata da 4 mm montata nella parte inferiore del cofano.

I tubi del liquido di raffreddamento, lungo l'intero percorso dal motore al radiatore, erano protetti anteriormente da piastre corazzate verticali da 5 mm installate nel bordo d'attacco della sezione centrale e da tre piastre corazzate orizzontali da 5 mm sotto i tubi.

I serbatoi di carburante della sezione centrale erano protetti dal fuoco delle armi leggere e dai frammenti dei proiettili antiaerei da piastre corazzate da 5 mm), installate nella parte anteriore e sul lato esterno dei serbatoi.

- Il peso complessivo dell'armatura era di circa 200 kg.

Un'analisi dello schema di corazzatura dei Junkers dimostra che il tentativo dei progettisti tedeschi di fornire la massima protezione angolare possibile per l'equipaggio del bombardiere in picchiata nell'emisfero posteriore, rispetto ad altri aerei della Luftwaffe, non fu coronato dal successo.

Lo schema di corazzatura del veicolo non corrispondeva alle condizioni di combattimento aereo di quel periodo.

La piastra corazzata verticale da 8 mm del mitragliere, così come la parete corazzata da 8 mm del pilota, in tipiche condizioni di combattimento "non reggevano" i proiettili perforanti da 20 mm per il cannone sovietico ShVAK, per non parlare dei proiettili per il cannone VYa-23 e dei proiettili perforanti da 12,7 mm per la mitragliatrice Berezin UB.

La corazzatura dell'equipaggio sui lati e nella parte inferiore, nonché dei serbatoi di carburante e dei radiatori dell'acqua e dell'olio nella parte superiore, non forniva protezione né dai frammenti di proiettili antiaerei né dai proiettili di grosso calibro.

La corazzatura dello Ju 87D forniva protezione all'equipaggio e ai sistemi vitali dell'aereo protetti dalla corazza solo contro proiettili perforanti di calibro normale (tipo B-30), a condizione che i colpi venissero sparati da una distanza massima di 400 metri e che l'angolo di impatto con la corazza non superasse i 15-20°.

- La corazzatura dello Ju 87B era notevolmente peggiore di quella degli aerei d'attacco Junkers.

Nelle raccomandazioni dell'Istituto di ricerca aeronautica dell'Armata Rossa ai piloti delle unità da combattimento per condurre combattimenti aerei con il Ju 87, si sottolineava che le parti più vulnerabili dell'aereo tedesco erano: l'equipaggio, il serbatoio di espansione installato sul lato sinistro del motore, il radiatore dell'aria e la pompa del carburante installati sotto il motore, il serbatoio dell'olio aggiuntivo, non protetto situato sopra il motore, il serbatoio dell'olio installato dietro il parafiamma davanti alla cabina di pilotaggio, nonché i grandi serbatoi del carburante della sezione centrale.

- In quest'ultimo caso, le canne dei cannoni MG151/20 erano dotate di volata conica per evitare l'accecamento.

Tutti gli aerei destinati ai reggimenti d'attacco notturno ebbero la corazzatura della cabina di pilotaggio nuovamente rinforzata e le apparecchiature radio modernizzate, consentendo ora ai piloti di operare su comandi degli operatori radar Freya basati a terra (sistema di guida Egon).

- Da quel momento in poi i progettisti della ditta Junkers iniziarono a sviluppare una nuova versione, aerodinamicamente perfetta, con una revisione radicale di tutti i componenti principali del velivolo.

Innanzitutto, fu ridisegnata l'ala, aumentando l'apertura alare della sezione centrale: pur mantenendo la forma a "gabbiano rovesciato", le ali del D-5 avevano una pianta più semplice, senza interruzioni lungo i bordi, mentre il carrello fu reso retrattile con una rotazione di 90°.

Caratteristiche tecniche

Dimensioni e pesi

- Lunghezza: 11,50 metri
- Apertura alare: 13,80 metri
- Altezza: 3,90 metri
- Superficie alare: 31,90 m^2
- Peso a vuoto: 3.900 kg
- Peso massimo al decollo: 6.600 kg
- Equipaggio: 2
- Esemplari: 5.709 in 20 versioni

Propulsione

- Motore: uno Junkers Jumo 211J-1, 12 cilindri a V invertito
- Potenza: 1.400 hp (1.044 kW)

Prestazioni

- Velocità massima: 410 km/h a 3.840 metri
- Velocità di crociera: 320 km/h a 5.090 metri
- Autonomia: 1.535 km
- Tangenza: 7.290 metri

Armamento

- 2 mitragliatrici MG 17 da 7,92 mm fisse in caccia e una MG 81Z doppia da 7,92 mm brandeggiabile nell'abitacolo posteriore. La versione G era dotata anche di cannoncini controcarro da 37 mm.
- Bombe: da 50, 250 o 500 kg per un totale di 1.800 kg sotto la fusoliera o sotto le ali.

La mitragliatrice MG 17 era basata sullo sviluppo della Rheinmetall MG 30 da fanteria ed era, assieme alla brandeggiabile MG 15, la mitragliatrice standard utilizzata dalla Luftwaffe per armare i propri velivoli da combattimento all'inizio della seconda guerra mondiale.

- Era raffreddata ad aria, utilizzava munizioni standard 7,92 × 57 mm Mauser montate su nastro e aveva una cadenza di tiro di 1.200 colpi al minuto.

Poteva essere dotata di un meccanismo di sincronizzazione che le permetteva di sparare senza colpire le pale dell'elica, e in questa configurazione era installata sul muso degli aerei da caccia.

La MG 81 era una mitragliatrice a nastro in calibro 7,92 × 57 mm Mauser per installazioni fisse o brandeggiabili sui velivoli in uso alla Luftwaffe durante la seconda guerra mondiale e che sostituì la precedente MG 15.
L'MG 81 fu ideata dalla Mauser nel periodo 1938/39 e restò in produzione dal 1940 al 1945.

- Essa venne concepita per poter essere prodotta velocemente e in maniera economica, e la si ottimizzò per l'impiego aeronautico.

Analogamente a quanto fatto sia con la MG 15 sia con la MG 17, anche alla MG 81 venne applicato un calcio e un bipiede per poterla impiegare come arma terrestre ed equipaggiare le truppe dell'Heer.
Una versione speciale di questa arma fu la MG 81Z "Zwilling", che sostanzialmente era un sistema d'arma costituito da due MG 81 affiancate e montate su un unico sostegno, che garantiva un volume di fuoco di 3.200 colpi/min senza occupare molto più spazio di una mitragliatrice singola.

Ju 87A

La prima variante della serie, il Ju 87A-0, era realizzata interamente in metallo e dotata di cabina di pilotaggio chiusa.

Per facilitare la produzione in serie, il bordo d'attacco dell'ala era stato raddrizzato: il pilota poteva, comunque, regolare l'elevazione e compensare la direzione del volo.

La coda era collegata ai flap di atterraggio: questi vennero posizionati tra le pinne e la fusoliera.

- L'A-0 aveva una calotta del motore piatta, che forniva al pilota un campo visivo molto migliore: per appiattire il cofano motore, quest'ultimo era stato abbassato di quasi 25 cm.

Inizialmente, il ministro dell'aviazione tedesco aveva ordinato la costruzione di sette A-0, ma in seguito aumentò il numero a undici velivoli, e all'inizio del 1937, l'A-0 venne testato con vari carichi di bombe.

La potenza del motore Jumo 210A si rivelò, tuttavia, insufficiente e condannò l'aereo a trasportare solo 250 kg di bombe, oppure 500 kg se si lasciava a terra l'altro membro dell'equipaggio: per questo motivo, le versioni successive del Ju 87A furono rapidamente equipaggiate con il motore Jumo 210Ca da 640 hp (477 kW).

La racchetta teneva la bomba vicino alla pancia della fusoliera durante il volo, ma, al momento dello sgancio, con un arco di 90° portava la bomba stessa fuori dal cerchio di rotazione dell'elica prima di liberarla.

La velocità massima dell'apparecchio era di 320 km/h a 3.600 metri e senza carico di bombe, mentre l'autonomia massima era di circa 900 km.

Ju 87A-1

La seconda variante della serie, il Ju 87A-1, differiva solo leggermente dall'A-0.

Era dotato di due serbatoi di carburante, non blindati, da 220 litri integrati nell'ala interna, ed era armato con una mitragliatrice MG 17 da 7,9 mm dotata di 500 colpi, che sparava in sequenza sull'ala destra, mentre, per la difesa posteriore, il mitragliere disponeva di una mitragliatrice MG 15 calibro 7,92 mm con 14 tamburi di munizioni contenenti 75 colpi ciascuno.

Il primo Ju 87 A-1 lasciò la catena di montaggio all'inizio del 1937 ed equipaggiò lo Stukageschwader della Luftwaffe fino al marzo 1939.

Sei esemplari furono venduti all'Ungheria per l'addestramento e un altro al Giappone per scopi di valutazione.

Ju 87A-3

La terza variante della serie, lo Ju 87A-2, aveva un motore Jumo 210Da da 720 hp con un compressore a due stadi, sostituito, alla fine del 1937, con il nuovo motore Jumo 211-A che dava una potenza massima di 1.000 hp al decollo e 975 hp a 4.000 metri, consentendo un netto miglioramento delle caratteristiche dell'apparecchio.

A parte qualche piccolo dettaglio, la versione A-2 differiva esternamente dall'A-1 per l'elica con pale più grandi.

Questa variante venne ritirata dalle unità di prima linea nella prima metà del 1939 per essere trasferita alle scuole di bombardamento in picchiata.

La produzione totale di questa versione fu di oltre 262 unità.

Ju 87B

L'esperienza di combattimento dell'unità Ju 87A, durante la guerra civile spagnola come parte della Legione Condor, dimostrò chiaramente sia i punti di forza sia quelli di debolezza del nuovo velivolo.

La massima precisione di bombardamento era abbinata a un carico di bombe minimo, una quota di atterraggio limitata, una gittata e una velocità di volo ridotte: combinando nuove tecniche e nuove tattiche, le esigenze di una strategia aggressiva di "guerra lampo" e la produzione di massa, nacque l'artiglieria volante della Luftwaffe: il bombardiere da picchiata Ju 87B.

La storia del Ju 87B iniziò alla fine del 1937, quando fu presa la decisione di lanciare la produzione in serie del nuovo motore Junkers Jumo211, con un gruppo di progettisti che iniziò il lavoro di progettazione su un Ju-87 modificato.

- Il nuovo motore era 267 mm più lungo e 200 kg più pesante dello Jumo210.

La configurazione generale del velivolo rimase la stessa, ma il vano motore, il cofano, la vetratura dell'abitacolo e il telaio principale furono radicalmente riprogettati.

I due radiatori dell'olio furono sostituiti con uno solo, posizionato sopra il motore: inoltre, la presa d'aria del radiatore dell'olio assunse una forma asimmetrica, dove le sue fresature laterali avevano lunghezze diverse, con quella sinistra che era più corta di quella destra.

Le dimensioni del radiatore del liquido di raffreddamento furono aumentate e la sua forma assunse una forma semicircolare più aerodinamica.

- La presa d'aria, semicircolare, del compressore fu spostata sul lato destro del cofano motore.

Anche il carrello di atterraggio e alla cabina di pilotaggio subirono modifiche radicali.

Il design del carrello d'atterraggio principale fu semplificato, scomparvero i montanti longitudinali e trasversali aggiuntivi, le carenature furono ridotte e acquisirono una forma diversa.

- Tutte le parti dei montanti e delle carenature del carrello di atterraggio destro e sinistro diventarono simmetriche e intercambiabili.

La calotta della cabina di pilotaggio fu ridisegnata: tutti gli elementi mobili delle vetrate non si ripiegavano più lateralmente, ma arretravano lungo le guide.

Sulla vetratura della capottina rimase solo un supporto per l'antenna, ma sotto la fusoliera apparve un supporto per un'antenna radio trainata. La mitragliatrice MG 15 da 7,92 mm in dotazione all'artigliere, fu installata su supporto sferico dotato di angoli di tiro maggiorati.

- Nel frattempo, la potenza del motore Jumo211A era aumentata da 900 fino a 1.000 hp, mentre il carico di bombe standard dello Ju-87 era ora costituito da una bomba da 500 kg e quattro da 50 kg.

Il dispositivo semiautomatico Abfanggerat garantiva un'entrata e un'uscita sicure dalla picchiata, senza richiedere molto sforzo fisico al pilota: infatti, durante la picchiata, nelle cuffie del casco del pilota si udiva un segnale frequente, mentre, dopo aver superato l'altitudine di sgancio delle bombe, altitudine già preimpostata, il segnale scompariva.

Contemporaneamente alla pressione del pulsante di rilascio della bomba, il dispositivo Abfanggerat muoveva i trim degli elevatori e modificava l'angolazione delle pale dell'elica.

- Una seconda mitragliatrice MG 17 da 7,92 mm fu poi installata nell'ala di sinistra.

Rispetto al Ju-87A, la velocità orizzontale massima aumentò di 30 km/h e la velocità di picchiata a 600 km/h.
Della versione "B" furono costruiti più di 922 esemplari.

Ju 87B-1

Nell'ottobre del 1938 iniziò la produzione in serie dello Ju87B-1 e i primi cinque esemplari furono immediatamente inviati in Spagna alla Legione Condor, dove presero parte alle battaglie, in particolare supportarono l'offensiva in Catalogna e bombardarono ripetutamente Barcellona.

- Le perdite in combattimento in Spagna ammontarono a un solo Ju-87B.

Gli Stukas in Spagna erano circondati da un velo di segretezza, la loro manutenzione era affidata solo a specialisti tedeschi e, dopo la fine delle ostilità, tutti gli apparecchi vennero restituiti alla Germania.

Nel marzo 1939, l'ordine iniziale per il Ju 87B-1 fu aumentato da 396 a 964 unità e, ai due stabilimenti di produzione degli Stuka, Weser a Berlino e Junkers a Dessau, si aggiunse un altro stabilimento Weser a Brema.

- Verso la metà dell'anno, la produzione dello Ju 87B-1 nello stabilimento di Brema raggiunse le 60 unità al mese.

A partire dall'esemplare numero 697, il Ju 87B-1 iniziò a essere equipaggiato con il nuovo motore Jumo211D con una potenza al decollo di 1.140 hp e un'elica in metallo Jumo-Hamilton HPA III.

L'installazione di questo motore comportò modifiche alla fusoliera e ai piani verticali di coda cosicché la linea aerodinamica complessiva del velivolo risultò meno filante rispetto a quella delle versioni precedente. Altro elemento a essere ridisegnato fu il carrello, a cui venne aggiunta la caratteristica protezione aerodinamica delle ruote.

Il cambiamento più sostanziale riguardava l'armamento: una mitragliatrice fissa sull'ala sinistra, una bomba da 500 kg sotto la fusoliera anche con tutti e due gli uomini di equipaggio a bordo, oppure una bomba da 250 kg sotto la fusoliera e quattro bombe da 50 kg sotto le ali.

- La velocità massima arriva a 380 km/h, mentre l'autonomia scese a 600 km.

Il B-1 fu il primo aereo ad essere dotato di una sirena acustica sulla carenatura sinistra del carrello di atterraggio, attivata da un mulino a vento a due pale, sfruttando il flusso d'aria in arrivo, mentre nelle versioni successive, le sirene furono installate su entrambi i montanti del telaio.

Nel dicembre 1939, senza interrompere la produzione del Ju 87B-1, iniziò la produzione della versione successiva, il Ju 87B-2.

Esternamente, la nuova versione dello Stuka si distingueva per una nuova elica in legno VS 5 e l'adozione definitiva del radiatore alettato, con i tubi di scarico del motore che avevano un effetto propulsivo.

- La potenza del motore Jumo211D fu aumentata a 1.200 hp, mentre il nuovo velivolo ricevette tubi di scarico di tipo jet.

Questa versione fu costruita in diverse varianti, inclusa una dotata di sci per le operazioni invernali, per il carrello principale e di coda, e, all'opposto, di kit per operazioni nel deserto, denominata Ju 87B-2/Trop.

Solo due esemplari furono convertiti, perché il terreno innevato, adeguatamente compattato non giustificava l'uso di sci.

Per le operazioni nel deserto, invece, l'aereo ricevette uno speciale filtro antipolvere installato sulla presa d'aria del compressore sul lato destro della fusoliera, una protezione aggiuntiva per i compartimenti delle armi e una scorta di cibo e acqua, oltre a una carabina, nella sezione di coda della fusoliera.

L'angolazione della forcella della ruota principale fu aumentata e l'intera carenatura della ruota "a goccia" fu spostata leggermente in avanti rispetto al carrello di atterraggio.

L'apertura per la maniglia di avviamento manuale del motore aveva una forma trapezoidale ed era dotata di una copertura a molla.

- Durante la produzione, la vecchia forcella trapezoidale fu sostituita con una nuova universale, che consentiva di sospendere una bomba da 1.000 kg.

Il carico di bombe fu piazzato su tre punti di attacco e raggiunse i 1.000 kg, contro i 700 kg del Ju-87B-1.

Il portabombe centrale sotto la fusoliera poteva trasportare tre tipi di bombe, SC/SD250 da 250 kg, SC/SD500 da 500 kg e SC/PC1.000 da 1.000 kg, mentre i portabombe a sbalzo ETC 50 trasportavano venti bombe SC10 da 10 kg oppure quattro bombe SC50 da 50 kg.

Con l'ausilio di una forcella trapezoidale a forma di H, la bomba veniva spostata dal supporto centrale all'esterno dell'area interessata dall'elica durante il bombardamento in picchiata.

- Il volo con un carico massimo di bombe di 1.000 kg poteva essere effettuato solo senza il secondo membro dell'equipaggio.

.L'Italia ricevette un certo numero di questa versione, soprannominata "Picchiatello", mentre altri esemplari furono forniti ad altri paesi alleati dell'Asse, incluse Bulgaria, Ungheria e Romania.

Ju 87C

Il Ju 87C era un derivato del Ju 87B, progettato come aerosilurante da impiegare sulla portaerei Graf Zeppelin.

Dotato di ali ripiegabili manualmente e di un gancio per il carrello d'atterraggio, l'aereo aveva il carrello d'atterraggio rinforzato e dotato di bulloni esplosivi in caso di atterraggio di fortuna.

L'apertura alare complessiva fu ridotta a 13,19 metri, mentre, per aumentare l'autonomia, vennero previsti serbatoi esterni da 300 litri e un serbatoio aggiuntivo per l'olio da 48 litri.

Foto di uno Ju 87C che mostra il meccanismo di ripiegamento delle ali.

Le particolarità del volo dell'aereo in mare richiedevano il posizionamento di palloncini gonfiabili nelle console alari per aumentare la galleggiabilità durante un atterraggio di emergenza, mentre nella coda furono posizionati un gommone e un set di sopravvivenza per il pilota.

- Il principale miglioramento fu il carrello d'atterraggio, che poteva essere rimosso in caso di atterraggio di fortuna sull'acqua, per evitare che l'aereo si ribaltasse quando colpiva l'acqua.

L'addestramento degli equipaggi per gli atterraggi sul ponte di volo iniziò alla fine del 1938 sul modello Ju 87A a Travemünde, dove fu costruita una pista speciale per simulare la cabina di pilotaggio.

Allo scoppio della seconda guerra mondiale, la prima portaerei era completata all'85%, ma un mese dopo la sua costruzione fu sospesa: di conseguenza, la produzione del C-1 cessò e i Ju-87C-1 prodotti furono convertiti nel normale Ju 87B-l.

A loro volta, i Ju-87C-0 "da ponte" già costruiti vennero utilizzati negli esperimenti a Travemünde fino al 1942, quando l'idea di un bombardiere in picchiata imbarcato su portaerei fu brevemente ripresa sotto forma del progetto Ju 87E.

Inoltre, diversi C-0 furono coinvolti in una serie di esperimenti interessanti: nel 1944, infatti, fu testato un cannone ad anima liscia da 88 mm sotto la fusoliera di uno dei Ju 87C-0, cercando di compensare il rinculo del colpo accendendo contemporaneamente i razzi propulsori.

Nella fusoliera venne praticato uno speciale alloggiamento per il caricatore dei proiettili e vennero installati i razzi propulsori.

Tuttavia, i test si conclusero con un fallimento perché i razzi propulsori non si azionarono in tempo, mentre il rinculo dello sparo tranciò le staffe di montaggio e il cannone perforò la fusoliera e danneggiando l'unità di coda.

Ju 87D

L'inizio della progettazione del modello successivo, il Ju-87D è solitamente attribuito alla primavera-estate del 1940, sebbene vi sia un'opinione secondo cui i lavori iniziarono subito dopo la fine della campagna polacca alla fine del 1939.
Durante questa campagna divenne chiaro che l'armamento difensivo era chiaramente insufficiente
Anche l'armamento offensivo costituito da due mitragliatrici MG montate sulle ali si rivelò insufficiente, soprattutto quando si dovette contrastare la contraerea nemica che copriva gli obiettivi attaccati.

- Queste carenze divennero evidenti per la prima volta durante la Guerra lampo francese e la Battaglia d'Inghilterra.

Con l'avvento delle nuove e più potenti modifiche dei motori Jumo211F e Jumo211J nella primavera del 1940, iniziarono i lavori per installarli sul Ju-87: le nuove versioni si differenziavano dal precedente modello Jumo211Da per un compressore centrifugo modificato, un rapporto di compressione più elevato della miscela di carburante e un sistema di raffreddamento migliorato che funzionava a pressione più elevata.

- Il modello J, a differenza della F, aveva un radiatore aggiuntivo per l'aria compressa nell'unità di controllo centrale, che forniva maggiore potenza e affidabilità durante il funzionamento in modalità forzata.

Inoltre, il modello Jumo211J richiedeva la costosa benzina a 100 ottani, mentre il modello Jumo211F si accontentava della normale benzina a 87 ottani.

Il motore Jumo211F aveva una potenza al decollo di 1.383hp e di 1.075 hp a un'altitudine di 4.100 metri, mentre la variante Jumo211J, con albero motore rinforzato, controllo della velocità riprogettato e iniezione diretta del carburante sviluppava 1.420 hp al decollo a 2.600 giri/min e 1.410 hp a un'altitudine di 4.300 metri a 2.700 giri/min.

Il motore Jumo211F fu montato sul prototipo numero 21, che fu convertito da un aereo di produzione a Tempelhof.

- L'aumento del peso del propulsore portò l'aereo a essere troppo avanzato nel suo baricentro, rendendolo pericoloso per il rullaggio su aeroporti non asfaltati.

Inoltre, i nuovi radiatori avevano ingrandito la "fronte", di conseguenza le caratteristiche di volo non erano migliorate.

I successivi tre velivoli sperimentali V22-V24 furono costruiti secondo disegni completamente rivisti e decollarono nel febbraio, aprile e maggio 1941, con la disposizione dei radiatori dell'acqua e dell'olio che fu nuovamente modificata.

- Dal basso erano ricoperti da piastre corazzate aggiuntive.

Le alette regolabili del radiatore di ingresso e uscita erano realizzate con piastre corazzate da 4 mm, migliorando notevolmente l'aerodinamica della fusoliera anteriore, mentre il design della calotta fu completamente riprogettato, rendendola più aerodinamica con una sezione posteriore ribassata.

La protezione dell'equipaggio fu notevolmente rafforzata: il pilota era protetto posteriormente da una paratia corazzata, da uno schienale corazzato da 8 mm e da un poggiatesta corazzato da 12 mm.

Per proteggere il mitragliere da dietro, venne montata una piastra corazzata da 8 mm e in basso venne installato un pavimento corazzato da 5 mm.

- Il blister era costituito da vetro blindato da 50 mm con telaio robusto e smussi in lega di acciaio da 8 mm.

Sugli aerei sperimentali, la mitragliatrice difensiva MG17 rimase la stessa, mentre, fin dall'inizio del progetto, si prevedeva di trasportare una bomba da 1.800 kg, cosa senza precedenti: tuttavia, la resistenza limitata del telaio, nelle prime modifiche, richiese di limitare il carico massimo delle bombe a 1.000 kg.

- L'aumento di peso richiese il rafforzamento del carrello di atterraggio principale.

Le gambe furono notevolmente ridotte e al posto dei rigidi tubi telescopici fu installata una fisarmonica di gomma.

Contemporaneamente, fu testato un nuovo sistema di montaggio della torretta per il mitragliere: prima una coppia di MG17, poi una coppia di mitragliatrici MG81Z da 7,92 mm ad alta cadenza di fuoco: tuttavia, è generalmente accettato che, anche con la torretta MG81Z, la capacità difensiva dello Stuka, nel suo complesso, non fosse soddisfacente.

Verso la metà della seconda guerra mondiale, infatti, quasi tutti gli aerei da combattimento erano equipaggiati con mitragliatrici di grosso calibro e le mitragliatrici calibro fucile divennero inefficaci.

La versione "D" fu di gran lunga la variante più prodotta del Ju 87: ne furono costruiti oltre 3.639 esemplari.

Ju 87D-1

La prima versione dello Ju 87D-1 iniziò ad essere costruita nella primavera del 1941 nello stabilimento Weser di Lemwerder, sostituendo gradualmente il Ju 87B-2.

Dopo il trionfo nei cieli di Spagna, Polonia, Francia e di numerosi altri paesi europei, la produzione cominciò, addirittura, a essere ridotta e il modello D-1 fu considerato solo un modello intermedio, finché non apparve un nuovo velivolo.

- Infatti, a gennaio la Luftwaffe ricevette 70 Ju-87, a settembre solo 12 e a novembre solo due.

La produzione totale nel 1941 fu di 476 esemplari, significativamente inferiore a quella del 1940, quando furono costruiti 611 velivoli.

Tuttavia, il successo, nei primi mesi nella guerra contro la Russia, costrinse la direzione della RLM a cambiare la decisione presa e a ordinare nuovamente circa un migliaio di aerei per la campagna orientale del 1942.

Dalla fine del 1941 la produzione dello Ju-87 venne ulteriormente ampliata e anche lo stabilimento Weser di Brema venne incluso nella produzione in serie e la produzione del 1942 quasi raddoppiò rispetto all'anno precedente, arrivando a 917 veicoli.

- Versione dotata di un motore Jumo 211J che erogava 1.420 hp (1.044 kW).

L'armamento bombe del Ju 87D-1 di serie fu posizionato su nuovi porta bombe multifunzionali ETC50/VIII con tre punti di sospensione.

In genere, l'aereo trasportava una bomba SC1000 da 1.000 kg o una bomba PC perforante da 1.400 kg, mentre le gondole subalari trasportavano solitamente una coppia di bombe da 50-70 kg.

In un'altra versione della sospensione, all'unità centrale rinforzata venivano agganciati una bomba da 250 kg, un serbatoio di carburante da 500 litri o un supporto sospeso per mitragliatrice/cannone.

Esistevano diverse varianti di questa installazione:

- WB81A con tre mitragliatrici binate, quindi 6 in totale, MG81Z e una riserva di munizioni per esse: le canne di tutte le mitragliatrici erano parallele all'asse di volo.

- WB81B, in cui le canne delle mitragliatrici erano inclinate di 15° verso il basso.

- WB20 con una coppia di cannoni MG/FF da 20 mm: tutte le munizioni venivano poste in un contenitore comune dietro l'arma.

Ju 87D-2

La seconda variante Ju 87D-2 sarà l'ultima serie del D-1 destinata al traino di alianti.

La fusoliera e la coda vennero rinforzate e fu aggiunto un gancio di traino sotto lo stabilizzatore.

Ju 87D-3

La terza variante della serie, il Ju 87D-3, aveva la corazza rinforzata a tutti i livelli, per poter essere utilizzato maggiormente come aereo da attacco al suolo: sebbene fossero ancora presenti gli aerofreni, le sirene iniziarono a scomparire dopo l'inizio della produzione.

- Entrò in servizio nel maggio 1942 e alcune decine di esemplari furono venduti alla Romania e all'Ungheria.

La cabina di pilotaggio fu dotata di un vetro blindato da 50 mm, mentre sui pannelli laterali della cabina stessa erano installate lastre di acciaio al cromo-nichel da 8 mm e, su alcuni veicoli, anche i flap mobili erano blindati.

Il nuovo attacco per le mitragliatrici GSL-K81Z aveva angoli di tiro aumentati: lateralmente fino a 45°, verso l'alto fino a 60°, verso il basso fino a 15°.

Fu aggiunta anche una piastra corazzata da 5 mm sotto il radiatore dell'olio, mentre la parte anteriore e i lati dei serbatoi del carburante nella sezione centrale erano rivestiti con piastre corazzate.

Gli aerei avevano un armamento offensivo piuttosto debole, due mitragliatrici MG 17 da 7,92 mm per il D-3 e due cannoni MG151/20 per il D-5.

Quando operavano come aerei d'attacco, i Junker utilizzavano spesso contenitori di legno per 92 bombe a frammentazione da 2 kg tipo SC2, che, tuttavia, si rivelavano inefficaci contro obiettivi rinforzati.

- Oltre a queste, vennero utilizzate bombe aeree di calibro maggiore, da 250 e 500 kg.

Il modello Ju 87D-3 si rivelò il più numeroso tra tutti gli Stuka, in quanto ne furono costruiti 1.559 esemplari, di cui 960 a Tempelhof, i restanti a Lemwerder.

Sulla base del D-3 furono costruite diverse modifiche sperimentali: su uno dei D-3 di serie, fu testato un nuovo modello del motore Jumo 211P con un rapporto di compressione più elevato e una velocità aumentata. La sua potenza al decollo era di 1.500 hp e di 1.410 hp a un'altitudine de 4.300 metri.

La versione più importante fu la versione "anticarro" del D-3 con cannoni da 37 mm; l'esigenza di rafforzare le armi offensive fu determinata da diversi fattori, i principali dei quali sono:

- Il tentativo di convertire lo Ju 87 da bombardiere in picchiata "puro" in un aereo d'attacco multiruolo, in grado di colpire obiettivi sia con bombe sia con armi leggere.
- Il suo compito era, innanzitutto, quello di distruggere i sistemi di difesa aerea prima di iniziare l'attacco all'obiettivo.
- Il compito di distruggere i veicoli corazzati nemici.

Tra tutte le varianti del D-3, la più originale era quella "da sabotaggio".

Per dispiegare gruppi di sabotaggio dietro le linee nemiche, vennero installati sulle ali, a circa 1/3 dell'apertura alare, due container aerodinamici biposto dotati di finestrini: l'idea era di lanciarli in picchiata e di farli atterrare con paracadute ad apertura automatica.

Gli esperimenti di volo vennero condotti a Stoccarda presso l'istituto di ricerca: i dati di volo del modello "passeggeri" dello Stuka si rivelarono abbastanza accettabili, ma restava la paura di rischiare di sganciare due contenitori contemporaneamente, con un'alta probabilità di distruggere l'unità di coda, e quello fu il termine degli esperimenti.

Ju 87D-4

La versione successiva dello Stuka Ju 87D-4 prevedeva la trasformazione del bombardiere da picchiata in un aerosilurante costiero.

Per la prima volta, l'aereo perse le griglie dei freni.

- Il supporto standard per le bombe, sotto la fusoliera, fu sostituito da un supporto per un siluro LTF5B da 533 mm, del peso di 766 kg.

Il D-4, tuttavia, non entrò in produzione a causa della velocità e autonomia di volo insoddisfacenti, risultando significativamente inferiore agli aerosiluranti standard He-111H-6 e Ju 88A-17.

 Successivamente i veicoli sperimentali vennero restaurati e riportati al loro aspetto originale.

- Parallelamente al D-4, apparve una variante del Ju 87E con ali pieghevoli e carrello d'atterraggio staccabile, simile allo Ju 87C.

Era dotato di un set standard di equipaggiamento navale ed era progettato per trasportare il siluro LTF5B: il prototipo di questa variante era il Ju 87D-1 di serie, con telaio rinforzato e unità di sospensione siluro.

Presso il centro di sperimentazione aeronautica navale di Travemünde e di Rechlin vennero sperimentati i lanci a catapulta e i razzi propulsori.

L'aereo venne denominato Ju-87D-1/To o Torpedo.

Nel 1942, a questi esperimenti furono aggiunti altri D-1 e D-3.

Con la prospettiva di completare la portaerei, nel 1943 fu ordinato allo stabilimento Weser di costruire 115 esemplari della serie"E", ma a febbraio, dopo il disastro di Stalingrado, le

speranze di ultimare il Graf Zeppelin crollarono definitivamente
e l'ordine venne annullato.

Ju 87D-5

Come ogni aereo di produzione, il Ju 87 divenne, inevitabilmente, più pesante durante il processo di modifiche costruttive, dovute all'impiego di nuovi equipaggiamenti, armi, corazze, un motore più potente e una maggiore capacità di carburante.

Di conseguenza, il valore specifico del carico alare si era avvicinato molto al suo valore limite.

- All'inizio del 1943 apparve la variante Ju 87D-5 con un'apertura alare aumentata a 14,98 metri e una superficie alare aumentata a 33,8 m^2, che ridusse significativamente il carico alare e migliorò le caratteristiche di decollo e atterraggio dello Stuka.

Per aumentare la potenza di fuoco, le mitragliatrici MG17 montate sulle ali furono sostituite con cannoni Mauser MG151/20 da 20 mm, le cui canne lunghe, insieme alla maggiore apertura alare, rendevano questo modello facilmente riconoscibile.

Ancora una volta, come per gli aerei imbarcati, il D-5 era dotato di carrello di atterraggio sganciabile, poiché gli atterraggi forzati su superfici irregolari erano diventati sempre più frequenti.

Durante la produzione in serie del Ju 87D-5, il design della cabina di pilotaggio venne costantemente migliorato, allo scopo di migliorare la visibilità, aumentare la sicurezza e facilitare il pilotaggio durante i voli rischiosi a bassa quota e durante i bombardamenti notturni.

- Fu ordinata la costruzione di 1.178 Ju 87D-5, di cui 771 consegnati dallo stabilimento di Lemwerder alla Luftwaffe.

Il Ju 87D-5 fu l'ultimo bombardiere da picchiata a essere utilizzato, solo occasionalmente, per lo scopo per cui era stato concepito, mentre la versione semplificata D-6, sviluppata sulla base del D-5, non entrò mai in produzione.

Il Ju 87D-6 era una versione destinata all'addestramento dei piloti, ma fu prodotta in numero limitato a causa della carenza di materie prime.

- Le versioni Ju 87D-7 e D-8 erano destinate al combattimento notturno.

Derivavano, rispettivamente, dai modelli Ju 87D-3 e D-5 ed erano dotati di un motore Jumo 211P da 1.500 hp, dotato di soppressori di fiamma sui tubi di scarico.

Ju 87F

La mancanza di tecnologia da parte dei tedeschi per la produzione di corazze aeronautiche a doppia curvatura li costrinse a realizzare la fusoliera dell'aereo, denominato Ju 87F, utilizzando piastre corazzate piegate con uno spessore compreso tra 3 e 12 mm.

Il motore, la cabina dell'equipaggio, i serbatoi dell'olio, del carburante e i radiatori erano alloggiati in un robusto cassone blindato portante.

Lo spessore dei vetri blindati fu aumentato a 57 mm nella parte anteriore e a 30 mm sui lati.

- L'armamento difensivo del velivolo venne notevolmente potenziato: al posto di una coppia di mitragliatrici da 7,92 mm, vennero installati un cannone MG151/20 da 20 mm con 250 colpi e una mitragliatrice MG131 da 13 mm con 400 colpi.

Erano montati su una torretta posteriore controllata a distanza, con angoli di fuoco di 90° sui lati, di 95° verso l'alto e di 15° verso il basso.

- Il carico totale di bombe aumentò a 2.000 kg., di cui una bomba da 1.000 kg sotto la fusoliera e fino a quattro bombe SC250 sotto le ali.

L'aumento di peso richiedeva una maggiore potenza del motore.

Il DB605 non era adatto a causa della potenza insufficiente, mentre, allo stesso tempo, il BMW 801, che aveva caratteristiche accettabili, comprometteva notevolmente la visibilità del pilota: alla fine la scelta cadde sul nuovo modello Jumo213 con una potenza al decollo di 1.850 hp.

- Questa modifica trasformò il Ju 87F in una macchina completamente nuova.

Tuttavia, l'interesse per i bombardieri da picchiata stava gradualmente svanendo, mentre la velocità, con 2.000 kg di bombe sotto la fusoliera e le ali, non superava i 400 km/h.
La manovrabilità dell'aereo era notevolmente peggiorata e la corsa di decollo a pieno carico aveva raggiunto gli 800 metri, una distanza del tutto inaccettabile per gli aeroporti campali.
L'ultimo modello del motore Jumo213F-1 con sistema di iniezione di acqua-metanolo MW50 ha aumentato solo di poco la velocità massima a 420 km/h per 5 minuti.

Ju 87G

Questo modello era una conversione del Ju 87D-5 per operazioni anticarro, con un cannone BK 37 da 37 mm sotto ognuna delle ali.

Il cannone era attaccato sotto le ali o sotto la fusoliera all'interno di un pod con un caricatore da 12 colpi e sparava proiettili di calibro 37×263B mm solitamente Armour-Piercing Composite Rigid (nucleo duro al tungsteno) o High Explosive con un rateo di fuoco di 160 colpi al minuto.

Il cannone antiaereo, a canna lunga, aveva una velocità iniziale del proiettile di 1.000 m/s, arrivando a perforare la corazza laterale non solo dei carri armati americani e britannici, ma anche dei T-34.

I contenitori per le armi, dal peso superiore a 300 kg, erano facilmente rimovibili e intercambiabili con i tradizionali portabombe.

- Non erano presenti mitragliatrici alari né bombe.

La corazza dell'aereo era, tuttavia, indebolita: a differenza dell Ju87 D-3 standard, il Junkers anticarro non aveva la corazza per il mitragliere, per i serbatoi del carburante nella sezione centrale e per il radiatore dell'acqua, mentre lo spessore della piastra corazzata posteriore del pilota fu aumentato a 20 mm.

- Questo aereo d'attacco ricevette la designazione Ju 87G-1

  .

Durante i test, il Ju87G-1 si dimostrò lento e poco maneggevole, il che, unito alla ridotta corazzatura e al debole armamento difensivo, rese l'aereo un bersaglio ideale per i caccia.

- La velocità massima dell'aereo si era ridotta di 30-40 km/h.

Il Ju 87G-1 non era più in grado di picchiare, anche se gli esemplari sperimentali, sottoposti a test erano ancora dotati di freni: gli attacchi contro i bersagli venivano effettuati planando con angoli non superiori a 10-12°.

Inoltre, secondo le testimonianze dei piloti tedeschi catturati, pianificare l'operazione era difficile: il puntamento era difficile, anche a causa della scarsa stabilità direzionale dell'aereo, causata dall'influenza aerodinamica dei supporti dei cannoni e dal grande peso; infatti, il peso di un cannone con il suo affusto, escluso il peso del caricatore e dei proiettili, era di 473 kg.

- I cannoni BK 3.7 avevano una cadenza di fuoco piuttosto bassa e un'affidabilità dei sistemi automatici scarsa.

Secondo i dati tedeschi, l'arma aveva una cadenza di fuoco fino a 70 colpi al minuto: tuttavia, secondo l'Istituto di ricerca dell'aeronautica militare dell'Armata Rossa, a causa dell'imperfezione del sistema automatico del cannone, la sua cadenza di fuoco in combattimento era limitata a una media di un colpo ogni due secondi.

La bassa cadenza di fuoco delle armi stesse comportava un numero molto limitato di colpi, non più di due, in un attacco.

La situazione era ulteriormente aggravata dal forte rinculo delle armi quando sparavano in aria e dalla particolare disposizione delle stesse sul velivolo.

- Allo stesso tempo, il proiettile per il BK 3.7, con una velocità iniziale di circa 1.170 m/s, quando sparato in aria, poteva penetrare la corazzatura di un carro armato sovietico fino a 52 mm di spessore a una distanza massima di 400 metri con un angolo di impatto di 0°.

Il proiettile perforante del set di munizioni per questo cannone non poteva vantare, tuttavia, un simile risultato: da 400 metri con un angolo di 0° il proiettile penetrava solo 40 mm di corazza e i T-34 di tutti i tipi non venivano danneggiati quando venivano attaccati.

Inizialmente sembrava che il Ju 87G-1 fosse un mezzo efficace per distruggere i T-34 sovietici, mentre, in realtà, le cose si sono rivelate un po' diverse.

Un'analisi dello schema di corazzatura del carro armato medio sovietico T-34-76, e delle capacità del cannone tedesco BK 3.7, mostra che, agli angoli di planata del Ju 87G-1 di circa 5-10°, un proiettile poteva penetrare la corazza da 52 mm della torretta T-34 solo se sparato da una distanza non superiore a 180 metri e la corazza laterale da 40 mm da non più di 400 metri.

Tuttavia, il tempo di fuoco effettivo era rispettivamente di 1,3 secondi e 4,4 secondi : l'altitudine minima consentita per le manovre durante la ritirata er di 15-20 metri, mentre la distanza di cessate il fuoco era di circa 90 metri.

- Ciò significa che solo un proiettile poteva essere "efficace" quando colpiva una torretta, e al massimo due proiettili quando colpivano un lato.

Ma colpire le parti vulnerabili di un carro armato, date le loro dimensioni ridotte, anche con un colpo solo, non era così facile come sembra: allo stesso tempo, come è noto, uno o due colpi che penetrano la corazza non sono sufficienti per mettere fuori combattimento un carro armato in modo affidabile.

- Per contro, il carro armato T-34-85, dotato di corazzatura rinforzata, non poteva essere sconfitto se attaccato lateralmente, a qualsiasi distanza di fuoco, disponendo di una protezione di 45 mm di fianco e di 75 mm alla torretta.

Quando veniva attaccato da dietro, il T-34-85 poteva essere sconfitto solo se un proiettile colpiva la parte posteriore della torretta, che aveva uno spessore corazzato 52 mm, da distanze fino a 400 metri.

La corazza del motore e la corazza del tetto della torretta di tutti i tipi di T-34 sovietici venivano danneggiate da un proiettile di calibro inferiore per il cannone BK 3.7 quando sparato da 300 metri solo con angoli di picchiata di almeno 30°.

Con angoli di planata fino a 10°, sparando da qualsiasi distanza si verificavano continui rimbalzi.

Le stime mostrano che, in condizioni di combattimento reali, la probabilità di colpire un carro armato sovietico T-34 con un colpo solo, sparando proiettili di calibro inferiore ai 100 mm dei cannoni BK 3.7 (attacco laterale, angolo di pianificazione di 5-10°, distanza di apertura del fuoco di 300-400 metri) nello scenario migliore non potrebbe superare lo 0,02-0,03.

- Ciò significa che, per garantire la sconfitta del T-34 sovietico sul campo di battaglia, era necessaria una forza di cinquanta Ju 87G.

Ciò significa che l'impiego con successo sul campo di battaglia del Ju 87G armato di cannone era possibile solo nelle mani di un pilota altamente qualificato e solo in condizioni di deboli contromisure antiaeree e di caccia.

Nonostante un intero "insieme" di carenze del Ju 87G-1, i test furono considerati positivi e si giunse alla conclusione che fosse opportuno utilizzarlo in combattimento.

Dopo il completamento dei test, le rastrelliere per le bombe furono rimosse dai Junker dotati di cannoni e fu formato uno speciale gruppo anticarro, il Panzerversuchs-kommando, guidato dall'Hauptmann Shtepp, per condurre test militari al fronte.

- Nel febbraio 1943, a Khortitsa, nell'ambito della 4a Aeronautica Militare, venne formato uno speciale gruppo anticarro "Weiss" sotto il comando del tenente maggiore Weiss, armato solo con Hs129B.

Tra aprile e maggio, il gruppo Weiss e il Panzerversuchs-kommando presero parte alle battaglie nel Kuban, dove vennero messi praticamente alla prova i metodi tattici di lotta contro i carri armati sovietici, sviluppati sul campo di addestramento, e i metodi di organizzazione di una stretta collaborazione con le truppe di terra.

Sulla base dei risultati del "lavoro" dei gruppi aerei anticarro, si giunse alla conclusione che, data la scarsa efficacia dei singoli mezzi corazzati "Henschel", un qualsiasi effetto reale sul campo di battaglia poteva essere ottenuto solo attraverso l'impiego massiccio di questi aerei d'attacco in sezioni ristrette del fronte, in direzioni pericolose per i carri armati.

Fu deciso, quindi, di creare uno speciale gruppo aereo anticarro FuPz su Hs129B e, all'interno di ogni squadrone di bombardieri in picchiata, di formare squadroni anticarro separati su Ju 87G: allo stesso tempo, il FuPz includeva tutti gli squadroni anticarro disponibili del 1° e 2° squadrone di supporto diretto.

- La conversione dei Ju87 D-3 di serie nella variante G-1 fu effettuata in unità di combattimento ed è stata realizzata in modo tale da poter riportare i velivoli al loro aspetto originale.

A tutti gli aerei mancavano le protezioni dei freni, ma le staffe di montaggio erano ancora presenti.

In totale sono stati trasformati in questo modo circa 100 velivoli.

Fu prodotta anche una modifica anticarro dello Ju87G-2, anch'essa dotata di due cannoni BK 3.7: per loro la variante Ju 87D-5 fungeva da macchina base, mentre lo Ju 87G-2 si differenziava dalla modifica G-1 per la maggiore apertura alare.

- Alcuni velivoli della variante G-2 mantennero i cannoni MG151/20 da 20 mm montati sulle ali, mentre su altri i cannoni furono rimossi.

In totale furono prodotti 208 velivoli di questo tipo.

In previsione di importanti battaglie tra carri armati nella zona saliente di Kursk, il FuPz venne trasferito all'aeroporto di Mikoyanovka, 20 km a nord-ovest di Kharkov.

Alla vigilia dell'offensiva tedesca, i quattro squadroni del gruppo anticarro disponevano di 60 Hs129B-1 e B-2 pronti al combattimento.

All'inizio di luglio 1943, per fornire un efficace supporto aereo alle truppe impegnate nell'Operazione Cittadella, venne formata una speciale "Unità di combattimento Kupfer", che comprendeva I./StG3, II./StG77 e un gruppo di cacciabombardieri III./JG3: inoltre, StG1, III./StG3, StG2, I. e III./StG77 e Sch.G1 furono coinvolti nelle battaglie vicino a Kursk.

- Secondo i dati tedeschi, nella fase iniziale della battaglia, i carri armati tedeschi Henschel e i Junker riuscirono a ottenere un successo significativo.

Così, uno dei più famosi piloti della Luftwaffe, il comandante del 10.(Pz)./StG2, Hauptmann Rudel, già il primo giorno della battaglia, il 5 luglio, annunciò la distruzione di 12 carri armati sovietici.

Inoltre, secondo lui, nella prima sortita di combattimento furono distrutti 4 carri armati: in totale, quel giorno, i piloti tedeschi dichiararono di aver distrutto 64 carri armati dell'Armata Rossa.

Il 7 luglio 1943, i piloti degli StG77, StG2 e Sch.G1 segnalarono la distruzione di 44 carri armati, 20 cannoni e circa 50 veicoli.

L'8 luglio, i piloti di questi stessi squadroni e del gruppo anticarro FuPz distrussero e danneggiarono 88 carri armati, 5 pezzi di artiglieria e 3 cannoni antiaerei, 2 installazioni di mortai BM-13 e circa 40 veicoli.

- Inoltre, più di 80 unità di veicoli corazzati sovietici di questo numero furono distrutte e danneggiate dall'Hs129B del FuPz.

Va notato che le dichiarazioni dei piloti tedeschi sulla distruzione di un gran numero di carri armati sovietici, nonché di altri obiettivi terrestri, di solito non venivano confermate da nulla di diverso dalle loro stesse parole: la maggior parte degli aerei non era dotata di mitragliatrici e macchine fotografiche e, se ne erano dotate, non registravano tanto i risultati dell'azione quanto i proiettili che colpivano il carro armato.

Come previsto, le perdite effettive degli equipaggi dei carri armati sovietici a causa delle bombe e del fuoco di artiglieria degli aerei tedeschi, furono in realtà molto più modeste di quanto riportato nei resoconti dei piloti tedeschi.

Pertanto, secondo il quartier generale della 1ª armata corazzata sovietica del fronte di Voronezh, contro la quale operavano gli squadroni anticarro degli Henschel del FuPz, le perdite irreparabili di carri armati T-34 dovute all'impatto dell'aviazione in generale, nel periodo dal 5 al 20 luglio 1943, ammontarono a soli 7 veicoli, ovvero all'1,6% di tutte le perdite di T-34.

- Inoltre, l'esercito perse circa 30 carri armati leggeri T-60 e T-70 a causa del fuoco d'artiglieria e delle bombe della Luftwaffe.

Le perdite in combattimento di formazioni di carri armati e unità del fronte centrale, causate dai bombardamenti e dagli attacchi aerei tedeschi nel luglio-agosto 1943, ammontarono a 187 carri armati e cannoni semoventi di tutti i tipi fuori uso, ovvero il 6,3% di tutte le perdite.

- Sulla base delle statistiche disponibili sulla distribuzione delle perdite in combattimento, si può supporre che di questo numero, circa 70 carri armati siano stati perdite irreparabili.

Successivamente, l'Hs129B e il Ju 87G-1 continuarono a "distruggere" i carri armati e i cannoni semoventi sovietici, subendo, tuttavia, perdite significative.

Così, in 11 giorni di combattimenti, gli squadroni FuPz persero irrimediabilmente il 30% del loro personale originario,e, a metà agosto, il gruppo era composto da circa due dozzine di Henschel.

La situazione negli squadroni di bombardieri in picchiata era chiaramente caratterizzata dall'ammissione del comandante dello StG2, Oberst-Leutnant E. Kupfer, che scrisse:

"Il Ju-87 non può più essere utilizzato su nessun fronte, nemmeno a est. Ad esempio, il mio squadrone ha perso 89 equipaggi in otto mesi. In termini annuali, ciò corrisponde a un rinnovo del 100% del personale di volo. Se ciò continua per un altro anno, il risultato sarà la fine completa delle unità d'assalto ... Ho squadroni con un aereo in servizio. ... Dobbiamo iniziare il prima possibile, direi immediatamente, a

riequipaggiare le unità dallo Ju 87 al Fw 190. La situazione con il personale delle unità d'assalto può essere descritta come "l'ultima parata". Dal 5 luglio 1943, ho perso due comandanti di squadrone, sei vice comandanti di squadrone e due aiutanti di gruppo, ognuno dei quali aveva effettuato più di 600 sortite di combattimento. Tale esperienza non può più essere sostituita ... Non possiamo permetterci di perdere i pochi che sono rimasti..."

Nel tentativo di contenere l'offensiva dei carri armati sovietici, il comando tedesco lanciò potenti contrattacchi con ingenti forze di carri armati e fanteria motorizzata supportate dagli aerei, ma tutto invano.

Nella Wehrmacht iniziò un panico da carri armati, che ricordava lo stato di alcune unità dell'Armata Rossa nel 1941.

Nella notte del 21 settembre 1943, le unità avanzate della 3a Armata corazzata della Guardia del Fronte di Voronezh, e in seguito parte delle forze della 40a e 47a Armata, attraversarono il Dnepr e consolidarono le loro posizioni sulle teste di ponte catturate nell'area di Velikiy Bukrin.

Le battaglie più importanti sul fronte della steppa durante l'attraversamento del Dnepr da parte di unità della 7ª Armata della Guardia nelle zone di Dneprovokamenka e Domotkan, nonché della 37ª Armata, nella zona a sud-est di Kremenchug, si conclusero con successo.

- La più potente linea difensiva della Wehrmacht era, quindi, minacciata da uno sfondamento.

Nel tentativo di respingere i soldati dell'Armata Rossa, il comando tedesco lanciò nella battaglia quasi tutti gli aerei a sua disposizione.

Sul campo di battaglia, oltre agli Henschel, agli Eighty-Seventh e ai Fokker d'attacco, si distinse l'opera dei bombardieri bimotore Ju88 e He111 da bassa quota, che mitragliarono e bombardarono le formazioni di battaglia delle unità sovietiche.

Quasi come le Forze aeree dell'Armata Rossa nei primi mesi di guerra, ma in condizioni più favorevoli all'impiego in combattimento, poiché le unità sovietiche, che inizialmente attraversarono il confine, non avevano una forte copertura antiaerea e da caccia.

- Con il rafforzamento della difesa aerea sovietica, i tedeschi furono presto costretti ad abbandonare tali azioni, ma le perdite dei gruppi aerei d'attacco continuarono a crescere e alla fine dell'anno avevano raggiunto proporzioni minacciose.

Dopo aver analizzato l'esperienza dell'impiego in combattimento dell'aviazione in supporto diretto nelle battaglie estive, nel settembre 1943 lo Stato maggiore della Luftwaffe concluse che era necessario centralizzare il controllo delle forze di combattimento dell'aviazione sul campo di battaglia.

A questo scopo si decise di creare un ispettorato dell'aviazione d'assalto, al quale sarebbero stati subordinati tutti i gruppi di bombardieri in picchiata, i gruppi di supporto diretto alle truppe, i gruppi di bombardieri ad alta velocità e tutti i singoli squadroni anticarro.

- Il 9 settembre il tenente colonnello E. Kupfer venne nominato comandante dell'aviazione d'assalto.

Secondo l'ordine del comandante dell'aviazione d'assalto n. 11125/43 del 5 ottobre 1943, tutti gli squadroni di bombardieri in picchiata StG1, StG2, StG3 e StG77 furono rinominati rispettivamente SG1, SG2, SG3 e SG77, e I./StG5 in I./SG5.

Il 1° e il 2° squadrone di supporto ravvicinato Sch.G1 e Sch.G2, nonché il 10° squadrone di bombardieri ad alta velocità SKG10 furono sciolti e sulla loro base furono formati due nuovi squadroni d'attacco SG4 e SG10.

- Tutti i diversi squadroni anticarro dell'Hs129B furono riuniti in un unico 4° gruppo anticarro del 9° squadrone d'assalto.

Il 2° gruppo, che aveva già subito gravi perdite, venne ritirato dall'SG2 e poi sciolto: sulla sua base, vennero formati gli squadroni anticarro 10.(Pz)/SG3 e 10.(Pz)/SG77, armati con Ju 87G.

- L'ultima versione dell'aereo fu il Ju 87G-2.

La modifica G-2 fu prodotta direttamente nello stabilimento di Lemwerder, con 174 veicoli costruiti).

Nell'autunno del 1944, nella Luftwaffe era rimasto solo un gruppo di Rudel III/SG2, che durante il giorno volava ancora sugli Ju 87D e G, insieme a due squadroni anticarro 10.(Pz)/SG2 e 10.(Pz)/SG77.

Alla fine della guerra vennero utilizzati principalmente per tappare i "buchi" causati dagli sfondamenti dei carri armati alleati.

Ju 87H

Fino al 1942 gli Antonov vennero impiegati principalmente come aerei da addestramento nelle scuole di volo della Luftwaffe.

Una volta esaurite le risorse, si pose la questione di creare un velivolo idoneo per l'addestramento.

- Basato sul modello Ju 87D-1, nel 1943 fu creato il Ju 87H-1 da addestramento, privo di mitragliatrici alari, rastrelliere per bombe e torretta GSL-K81Z.

Al posto del mitragliere fu posizionato un istruttore con doppi comandi, mentre, per migliorare la visibilità anteriore, la calotta fu dotata di blister laterali.

Successivamente, i modelli H-1, H-3, H-5, H-7 e H-8, creati sulla base delle varianti Ju 87D, furono costruiti in piccole quantità dallo stabilimento di Lemwerder.

Nelle scuole di volo, gli ex piloti di caccia e bombardieri vennero riqualificati per utilizzarli nel rifornimento dei gruppi di aviazione d'attacco che avevano subito perdite significative sul fronte orientale.

Sebbene non fosse destinato al combattimento, il Ju 87H riuscì, comunque, a combattere verso la fine della guerra, quando i modelli da combattimento dello Stuka furono ritirati a causa della mancanza di benzina a 100 ottani.

Il suo motore senza sovralimentazione e senza pretese funzionava con carburante a 87 ottani, ancora disponibile nei depositi di benzina del Terzo Reich.

Ju 87R

Contemporaneamente alla progettazione del Ju 87B-2, iniziò lo sviluppo di una modifica con maggiore autonomia di volo.

La comparsa di questa modifica dello Stuka fu collegata all'eccessivo aumento del consumo del motore Jumo211D, il cui consumo di carburante aumentò del 30%: la soluzione migliore fu, quindi, quella di dotare i Ju 87B-1, già in costruzione, di due serbatoi di carburante aggiuntivi da 150 litri nelle ali e di due serbatoi esterni da 300 litri, che potevano essere sganciati in volo.

* La nuova variante fu chiamata Ju-87R-1 .

La sua autonomia di volo fu quasi raddoppiata, 1.400 km, ma il suo carico di bombe fu ridotto a una da 250 kg, mentre il volume di produzione giunse a 70-80 velivoli al mese.

La prima variante della serie, il Ju 87R-1, corrispondeva a quella del Ju 87B: furono, inoltre, apportate modifiche alla fusoliera per ospitare un serbatoio di olio aggiuntivo.

La seconda variante della serie, il Ju 87R-2, era una variante del Ju 87B-2: l'aereo era stato rinforzato per resistere a picchiate a 600 km/h, ma, essendo diventato più pesante (quasi una tonnellata in più,, la sua autonomia fu ridotta a 1.255 km.

* Alcuni aerei furono equipaggiati con il nuovo motore Jumo211H.

Nella primavera del 1940, durante l'occupazione della Norvegia, i Ju 87R facevano parte del I/StGl: poiché le operazioni di combattimento degli Stuka contro la flotta e i convogli britannici continuavano, i velivoli della serie"R" vennero considerati "equipaggiamento top secret" e furono ritoccati attentamente tutti i segni della presenza di serbatoi sganciabili nelle fotografie pubblicate sulla stampa.

La terza variante della serie, lo Ju 87R-3, ricevette apparecchiature radio più potenti: questa caratteristica, unita alla grande autonomia, gli consentiva di effettuare operazioni di traino di alianti su fronti estesi come il Mediterraneo e la Russia.
La quarta variante della serie, il Ju 87R-4, fu specificamente progettata ed equipaggiata per il clima caldo e secco del deserto. L'aereo ricevette uno speciale filtro antipolvere installato sulla presa d'aria del compressore, sul lato destro della fusoliera, una protezione aggiuntiva per i compartimenti delle armi e una scorta di cibo, acqua e una carabina nella sezione di coda della cabina.

- Le loro designazioni vennero integrate dall'indice "Trop".

La sua principale differenza era il nuovo motore Jumo 211J.
La sua produzione iniziò nel marzo 1941, dopo la cessazione della produzione di tutte le altre modifiche dello Stuka.
In totale furono costruiti 972 Ju 87R.

Motore Junkers Jumo 211

Il motore Junkers Jumo 211 era un motore aeronautico a 12 cilindri a V invertita sviluppato dall'azienda aeronautica tedesca Junkers Flugzeug und Motorenwerke AG (JFM) dalla metà degli anni trenta e utilizzato come equipaggiamento di velivoli durante il periodo della seconda guerra mondiale.

Contemporaneo e concorrente del Daimler-Benz DB 601, fu uno dei motori prodotti in maggior numero tra quelli utilizzati nel secondo conflitto mondiale: al contrario del DB 601, che venne impiegato principalmente per motorizzare aerei da caccia e zerstörer, lo Jumo 211 venne utilizzato nei bombardieri quali il monomotore Junkers Ju 87 Stuka e il bimotore Ju 88.

- Nel 1934, il RLM emise una specifica per la fornitura di una nuova classe di motore aeronautico: questa doveva erogare una potenza di almeno 1.000 hp con un peso a vuoto di circa 500 kg.

Al bando risposero la Junkers Flugzeug e la Daimler-Benz, entrambi con un 12 cilindri a V rovesciata, la prima con un nuovo progetto e la seconda con il DB 600 che già aveva sperimentato.

Nel 1935 negli stabilimenti Junkers di Dessau erano ancora impegnati nel programma di test di pre-produzione dello Jumo 210 quando venne incaricato il Dr. Franz Neugebauer di progettare un nuovo motore che rispondesse ai requisiti richiesti.

Al fine di riuscire ad anticipare la Daimler-Benz, intenta a sviluppare il concorrente DB 600, Neugebauer decise di utilizzare i disegni dello Jumo 210H riprogettandolo in una scala ridotta: il nuovo motore assunse la denominazione ufficiale di Jumo 211, e iniziò la sperimentazione pratica nell'aprile 1936.

Come lo Jumo 210, dal quale derivava, lo Jumo 211 era caratterizzato da una configurazione a V rovesciata, dalla distribuzione a tre valvole per cilindro e da un sistema di iniezione diretta alimentato da piccoli pistoni che prendevano moto dall'albero a gomiti.

La prima versione di serie, lo Jumo 211A, venne inizialmente prodotta a partire dall'aprile 1937 negli stabilimenti a Dessau in poco più di 1.000 esemplari, prima che la produzione passasse definitivamente a Magdeburgo nel luglio successivo.

Jumo 211F.

Di questo sono state prodotte tre differenti versioni, in base alla taratura del compressore a due velocità di cui era dotato, ottimizzate per l'uso a bassa o alta quota.

- Jumo 211A-0: versione di preserie, potenza erogata 1.000 hp (735 kW) al decollo a 2.200 giri/min.
- Jumo 211A-1: potenza 1.075 hp (790 kW).

- Jumo 211A-3: potenza 1.100 hp (809 kW) al decollo a 2.300 giri/min.

Nel novembre 1937 lo Jumo 211 venne finalmente installato su un velivolo per i test di volo quando, però, oramai anche lo sviluppo del DB 600 era terminato: quest'ultimo introdusse una serie di importanti migliorie, che evidenziarono una superiorità tecnica rispetto allo Jumo 211.

In particolare, il DB 600 utilizzava un circuito di raffreddamento pressurizzato, che permetteva all'acqua, all'aumentare della quota, di rimanere liquida anche al diminuire della pressione atmosferica: questo si traduceva nella minore esigenza di quantità di liquido di raffreddamento e nella possibilità di utilizzare radiatori dalla minor superficie radiante, con conseguente riduzione del peso complessivo.

- Dotato anche di un compressore più potente, il DB 600 surclassava nettamente lo Jumo 211 a quote medio-alte, relegando l'equipaggiamento di quest'ultimo a velivoli che operavano a bassa altitudine.

Sebbene molti velivoli progettati avessero inizialmente previsto l'installazione del motore Junkers, tra questi il caccia Messerschmitt Bf 109 e il Bf 110, in fase di produzione passarono al DB600, e, in seguito al DB 601.

Lo Jumo 211 risulta essere stato il motore maggiormente usato dai bombardieri in forza alla Luftwaffe durante la seconda guerra mondiale, sia per le caratteristiche più consone ai velivoli di questo ruolo, sia perché la Junkers produsse anche la maggior parte dei bombardieri tedeschi di quel periodo.

- Lo sviluppo dello Jumo 211 si concretizzò nel 1938 con la realizzazione della prima importante versione, lo Jumo 211B, 1.200 hp al decollo a 2.400 giri/min e, successivamente, con il 211C e il 211D, dotato di un riduttore di velocità interposto all'albero dell'elica.

Lo sviluppo più importante riguardò, nel 1940, la versione 211E che, adottando anch'essa un circuito di raffreddamento pressurizzato, raggiunse prestazioni equivalenti al DB 601: grazie a questa miglioria, poteva raggiungere un più elevato livello di potenza erogata senza incorrere nel surriscaldamento delle sue componenti meccaniche.

- Di seguito divenne disponibile il 211F, 1.340 hp a 2.600 giri/min, che disponeva di un nuovo albero a gomiti e di un compressore più efficiente.

La versione 211J incrementò ulteriormente il regime di rotazione raggiungendo i 2.600 giri/min con conseguente innalzamento della potenza massima erogata a 1.420 hp.

- Ulteriori affinamenti aumentarono la potenza erogata dai 1.450 hp del 211N ai 1.500 hp a 2.700 giri/min del 211P, versione quest'ultima dalla quale venne sviluppato il nuovo Junkers Jumo 213.

La produzione totale dello Jumo 211 ammonta a 68.248 unità con un picco di 1.700 motori realizzati al mese nell'autunno del 1942.

Caratteristiche tecniche

- Tipo: motore a V invertita
- Numero di cilindri: 12
- Alimentazione: 3 valvole per cilindro
- Cilindrata: 34,99 L
- Alesaggio: 150 mm
- Corsa: 165 mm
- Combustibile: benzina 80 ottani, con iniezione meccanica diretta Junkers con un iniettore in ogni cilindro alimentato da una pompa a pistoni, dotata di regolatore automatico della dosatura della miscela aria combustibile
- Distribuzione: tre valvole in testa per cilindro, due di aspirazione e una di scarico, comandate tramite bilancieri da un unico albero a camme in testa in ogni bancata: le valvole di scarico erano raffreddate da sali di sodio al loro interno
- Sistema di accensione: due   candele   per   cilindro alimentate da due magneti distributori indipendenti
- Raffreddamento: a liquido
- Rapporto di riduzione elica: 0.530 mediante riduttore costituito due ingranaggi cilindrici a denti dritti
- Potenza: 1. 340 hp (986 kW) a 2 600 giri/min
- Potenza specifica: 40,6 hp/litro
- Lunghezza: 1.800 mm
- Larghezza: 650 mm
- Altezza: 1.210 mm
- Rapporti di compressione: 6,5:1
- Peso a vuoto: 720 kg
- Consumo specifico: 0,54 kg/hp

Hans Ulrich Rudel

Il più celebre pilota di Stuka, Hans-Ulrich Rudel, ottenne grandi successi con questo velivolo, combattendo esclusivamente sul fronte russo: anche se venne abbattuto ben 30 volte, compì più di 2.530 missioni con la distruzione di:

- 519 carri armati (l'equivalente di due divisioni corazzate)
- 150 cannoni contraerei e controcarro
- 800 mezzi di trasporto e blindati
- 11 vittorie aeree (9 caccia e 2 aerei da attacco al suolo Ilyushin Il-2 turmovik)
- 70 mezzi da sbarco
- 1 cacciatorpediniere
- 2 incrociatori
- 1 corazzata, la Marat, con una bomba da 1.000 Kg
- centinaia di ponti, bunker e linee di rifornimento nemiche

Per rendersi conto dell'enormità di questa cifra, basti pensare che un pilota alleato medio non effettuò che, mediamente, una cinquantina di missioni nel corso di un paio di turni operativi: si può, quindi, dire a ragione che il solo Rudel ha svolto il lavoro di un intero Stormo.

Perse una gamba a seguito delle ferite riportate in un combattimento aereo ma ricominciò a combattere con un arto artificiale.

- Stalin mise una taglia di ben 100.000 rubli per chi avesse abbattuto l'asso tedesco.

Terminò il conflitto come colonnello, consegnandosi agli inglesi con alcuni compagni di stormo per non cadere nelle mani dei sovietici.

Rudel nacque il 12 maggio 1916 in Slesia e fin da ragazzo evidenziò una notevole passione per lo sport, il volo e la meccanica. Presentatosi volontario nella rinata Luftwaffe, conseguì il brevetto di pilota nel 1937, senza eccellere, tanto da essere assegnato ai bombardieri.

- Chiese, e ottenne, di essere destinato alla specialità appena costituita del bombardamento in picchiata con gli Stuka e non ebbe mai a rimpiangere questa scelta.

Nell'estate del 1938 raggiunse la sua unità dislocata in Stiria, ma fu trasferito alla ricognizione tattica e, in tale ruolo, prese parte alla campagna di Polonia.

Anche durante la campagna di Francia dovette continuare a scattare fotografie, poi finalmente le sue reiterate richieste furono esaudite e fece ritorno alla sua unità iniziale ora dislocata sulla Manica in attesa di partecipare alla Battaglia d'Inghilterra.

Trovandosi a dover competere con piloti che si erano fatti le ossa durante le campagne precedenti, fu assoggettato a un ciclo di missioni di addestramento particolarmente intenso.

Raggiunse, infine, risultati degni di nota, ma aveva a che fare con un Colonnello comandante del gruppo cui era poco simpatico e che continuò a negargli il permesso di compiere missioni operative.

Così anche quella importantissima occasione sfumò, e per lo stesso motivo non gli fu consentito di partecipare alle campagne di Jugoslavia e di Grecia, mentre i suoi camerati si coprivano di gloria e di decorazioni Rudel era costretto a fare la parte della Cenerentola.

- Poi giunse il momento fatidico per il destino delle nazioni belligeranti: il 22 giugno 1941, infatti, ebbe inizio l'Operazione Barbarossa, l'invasione dell'Unione Sovietica.

Inutile dire che lo St.G.2 Immelmann fu spedito immediatamente in prima linea: la necessità di piloti addestrati era tale in quei frangenti che anche Rudel finalmente fu impegnato in missioni belliche.

Fu un impegno altamente stressante: macchine e uomini iniziavano la loro giornata «lavorativa» alle 3 del mattino e la concludevano solo a notte fonda, dopo aver portato a termine anche una decina di missioni ciascuno.

Decollavano, attaccavano, tornavano a riarmarsi e rifornirsi, immediatamente ripartivano verso un altro obiettivo e il gioco ricominciava, senza soluzione di continuità.

- Si può ben dire che l'accoppiata carro armato-Stuka sia stata la carta vincente della prima parte della Campagna di Russia, e gli onnipresenti Stuka, agendo come una possente artiglieria pesante assai precisa, consentirono le stupefacenti vittorie iniziali.

Rudel e il suo fidato mitragliere, il Sergente Scharnowksy, formavano un equipaggio affiatato ed efficiente, e il nome di Rudel iniziò ad apparire di frequente sui bollettini di guerra.

A metà settembre 1941 lo St.G.2 fu spostato sul fronte di Leningrado. Infatti, a Kronstadt era concentrata la Flotta russa, composta di due anziane corazzate, alcuni incrociatori e parecchi caccia: la sua consistenza non era certamente tale da impensierire la Flotta germanica, eppure queste navi avrebbero potuto anche causare fastidi, con le loro artiglierie, alle truppe tedesche.

- Pertanto, si decise di neutralizzarle.

E il compito fu assegnato agli Stuka, i soli aerei capaci di tanto sia per precisione che per calibro delle bombe impiegabili, le SC500 da 500 kg: Rudel, al primo attacco, riuscì a mettere la sua bomba giusto sulla poppa, ma non fu in grado di accertarne i risultati, mentre due giorni dopo riuscì ad affondare un incrociatore.

Rudel poi mise a punto una sua tattica di attacco che fu accettata dalla Luftwaffe: dopo la picchiata, anziché richiamare per rifare quota rapidamente, cosa che esponeva lo Stuka in pieno al fuoco della contraerea, Rudel decise di sfruttare la velocità acquisita per cercare scampo volando sul pelo dell'acqua e fornendo all'artiglieria nemica un bersaglio minimo in rapido allontanamento.

Finalmente il 21 settembre i ricognitori accertarono che la corazzata russa Marat, già danneggiata da Rudel, era di nuovo all'ancora nella rada di Kronstadt: visto che le bombe da 500 kg non si erano dimostrate sufficienti per un bersaglio di quella mole, furono rese disponibili le più pesanti SC.1000 da 1.000 kg semiperforanti.

Ma anche i russi non erano rimasti con le mani in mano: avevano provveduto a rinforzare notevolmente l'artiglieria contraerea.

L'intensità del fuoco da terra fu giudicata eccezionalmente elevata dai piloti che presero parte alla missione, per non parlare dei caccia nemici, che fecero la loro apparizione in forze.

- Ma i caccia non potevano colpire uno Stuka in picchiata, anche se costituivano una grave minaccia in fase di avvicinamento.

Per meglio sfuggire alla contraerea Rudel decise, a metà picchiata, di far rientrare gli aerofreni per acquistare una maggior velocità: si trattava di una manovra assai pericolosa, perché superando la velocità limite, avrebbe reso impossibile effettuare la richiamata.

Lo Stuka di Rudel, affiancato da quello del suo comandante, il Capitano Steen, scendevano velocissimi in verticale verso il ponte della grande nave che ingrandiva a vista d'occhio nel reticolo di puntamento.

- Ma i due, con tremenda determinazione, continuavano la loro corsa mortale.

Giunto a soli 300 metri, Rudel finalmente sganciò la sua bomba e tirò a sé la barra, mentre la spaventosa accelerazione centrifuga lo rendeva incosciente. Quando riprese conoscenza il suo mitragliere, un uomo flemmatico che non si scomponeva mai, gli annunciò che la corazzata era saltata in aria dopo essere stata centrata in pieno dalla pesante bomba: della nave non restavano che due tronconi semi affondati.

L'inverno del 1941-'42 fu, a detta di tutti, uno dei più rigidi che si ricordasse a memoria d'uomo, con temperature di -40° C e anche di -50° C. Le forze tedesche si trovarono a dover combattere in condizioni impreviste, alle quali non erano preparate materialmente.

Il freddo era tale che le sospensioni dei carri armati si spezzavano, il lubrificante si gelava e rendeva inservibili armi e motori, le sentinelle spesso venivano trovate al loro posto trasformate in statue di ghiaccio.

- Il terribile Generale Inverno, che già aveva salvato la Russia dall'invasione napoleonica, riuscì a mettere in crisi anche la modernissima armata germanica.

Fu l'inverno il vero vincitore della Campagna di Russia: eppure, Rudel e i suoi commilitoni riuscirono a costruire un marchingegno atto a preriscaldare i motori degli Stuka, e a compiere numerose azioni di contrasto. A Kalinin gli Stuka riuscirono ad arrestare una potente forza corazzata che era riuscita a penetrare nelle linee tedesche fino a giungere a un solo chilometro dal campo d'aviazione.

Fu forse questa l'unica occasione della guerra in cui una battaglia ebbe unici protagonisti i carri armati e gli Stuka e che vide la vittoria di questi ultimi, sia pure di poco.

- In primavera Rudel fu spedito in patria per un turno di riposo, durante il quale, secondo la prassi corrente, fu impiegato come istruttore per le nuove leve.

Al rientro in zona di operazioni lo St.G.2 fu inviato sul fronte meridionale a Kersc: su questo fronte Rudel ebbe a che fare con un treno blindato che creava grossi fastidi, con le sue artiglierie, alle truppe tedesche.

Le numerose gallerie presenti lungo la linea ferroviaria fungevano da sicuri rifugi in cui il treno si rintanava non appena gli Stuka venivano avvistati: Rudel, allora, si fece spedire una bomba perforante e, con un lancio di precisione, riuscì a far crollare la volta dell'imboccatura della galleria, imbottigliando il treno al suo interno.

Poi si ammalò di itterizia e fu costretto al ricovero in ospedale, ma l'inazione non faceva per lui, ragion per cui si auto dimise dall'ospedale e rientrò al gruppo, ora operante sul fronte di Stalingrado.

Rudel e i suoi commilitoni continuarono a compiere missioni su missioni, in condizioni atmosferiche sovente proibitive, per allentare la pressione sulle truppe di Von Paulus accerchiate nelle rovine della città.

Intanto, non mancava mai di cercare di distruggere il maggior numero possibile di carri armati, emulato in questo dai suoi colleghi dell'St.G.2, alcuni dei quali terminarono il conflitto con 250-300 carri distrutti all'attivo, mentre parecchi altri superarono quota 100.

- Eppure, i russi riuscirono a costruire un numero di carri tale da poter ripianare le enormi perdite che subivano quotidianamente.

Nella primavera del 1943 Rudel, con oltre 1.000 missioni all'attivo, fu inviato in patria per un turno di riposo come istruttore.

Convocato a Rechlin, gli venne mostrata la versione caccia carri dello Stuka, il Ju.87G-1, armata con due potenti cannoni Flak 18 BK da 37 mm appesi sotto le ali.

- Queste armi, grazie alla loro elevata velocità iniziale e a proiettili perforanti a nocciolo di tungsteno, appositamente progettati, erano in grado di perforare la corazza laterale e posteriore dei più recenti carri sovietici.

Inutile dire che fra Rudel e lo Stuka Kanone fu amore a prima vista: era proprio questa l'arma fatta per lui.

Ma anche i russi non erano rimasti a girarsi i pollici.

La contraerea leggera era stata potenziata di molto, e l'aviazione da caccia, che costituiva il maggior pericolo per i lenti Stuka, era divenuta, oltre che numericamente, molto forte anche come preparazione dei piloti e come qualità dei mezzi impiegati.

La Luftwaffe stava decisamente perdendo il controllo dei cieli, il fattore che le aveva consentito fino ad allora di tamponare le falle del fronte.

Rudel, nel frattempo, era stato decorato con le Fronde di Quercia da apporre alla Croce di Cavaliere: a novembre era già riuscito a superare quota 100 carri distrutti con il nuovo Stuka Kanone, e aggiunse anche le Spade alle Fronde e alla Croce.

Inoltre era stato promosso al grado di Capitano e posto a capo della sua squadriglia, poi fu fatto Maggiore ed ebbe il comando del III/St.G.2.

- Eppure quest'uomo continuava imperterrito a esporsi in prima persona quanto e più dei suoi sottoposti.

In un'occasione effettuò un atterraggio d'emergenza in un campo per correre in soccorso di un suo pilota abbattuto dai russi: sotto un grandinare di proiettili sparati dalle truppe nemiche che accorrevano, riuscì a caricare il suo uomo e a decollare proprio sotto il naso dei nemici.

Ma Rudel non si limitò a dare la caccia ai carri con lo Stuka Kanone: i russi avevano messo in linea un ottimo assaltatore, il celebre Il-2 Sthurmoviç, un aereo dalla robustezza leggendaria, dotato di spessa blindatura.

Pertanto era quasi imperforabile dai colpi delle mitragliatrici antiaeree calibro 7,92 mm di cui disponevano le truppe germaniche, e poteva fare i suoi comodi nella quasi totale impunità: alla prima occasione buona, Rudel sperimentò l'effetto dei suoi BK 37 su di uno Sthurmoviç riducendolo in pezzi.

In un'altra occasione, atterrato secondo il solito nei pressi di un camerata abbattuto per soccorrerlo, il suo Stuka restò impantanato e i quattro non riuscirono a liberarlo dalla morsa del fango, per quanti sforzi facessero. Poi sopraggiunsero le truppe russe e i quattro si diedero a una fuga precipitosa per evitare la prigionia. Per scampare dovettero gettarsi nelle gelide acque del Dniestr, e il mitragliere Henschel annegò.

I tre superstiti, giunti sull'altra riva, furono presi a fucilate da una pattuglia nemica: Rudel, pur ferito a una spalla, riuscì a non rallentare la corsa e a fuggire. Dopo un lungo vagabondare, tormentato dalla fame e dalla sete, dal dolore e dalla perdita di sangue, finalmente si imbatté in due soldati tedeschi e fu soccorso, al limite dello sfinimento fisico.

Il giorno dopo era di nuovo in volo di guerra.

- Mancando i rifornimenti dei preziosi e sempre più rari proiettili perforanti al tungsteno, a volte lo Stuka Kanone era inutilizzabile. Pertanto anche Rudel talvolta era costretto a impiegare un normale Stuka armato con bombe e due cannoni da 20 mm, ormai non più in grado di perforare le corazze dei tank russi.

Tuttavia, questo aereo, se ben impiegato, era ancora in grado di causare gravi danni: i sovietici avevano l'abitudine di montare i serbatoi supplementari sul retro dei loro carri per accrescerne l'autonomia.

Ma questo bersaglio assai invitante e pericoloso costituiva un invito a nozze per il nostro eroe: scoperta una colonna di carri nemici, Rudel e i suoi si lanciarono all'attacco e, nel corso di varie missioni eseguite durante la giornata, riuscirono a distruggerne ben 40, di cui 17 per opera del comandante stesso.

Nell'estate del 1944 i russi erano all'attacco su tutto lo sterminato fronte e stavano ricacciando indietro l'esercito tedesco: inutile dire che gli Stuka erano chiamati in continuazione a tamponare le falle causate dalle infiltrazioni nemiche, mentre, naturalmente, le perdite in azione crescevano di giorno in giorno.

Il Führer in persona aveva tassativamente vietato a Rudel di effettuare missioni di guerra, ma l'Asso degli Stuka pareva non sentirci affatto e, forse per la prima volta in vita sua, disubbidì e continuò a combattere: tutti ne erano al corrente, Goering compreso, ma preferirono tacere, tanta era la necessità di uomini di valore in quei momenti difficili.

- Anche la sostituzione degli Stuka con la versione da attacco del Focke-Wulf 190 non lo convinse ad abbandonare il suo fedele amico di sempre e Rudel continuò a combattere con il vecchio Stuka.

Poi la fortuna sembrò abbandonarlo: un colpo da terra centrò in pieno il motore che si incendiò, mentre un getto d'olio imbrattò il parabrezza togliendogli ogni visuale in avanti.

Con il motore bloccato, a bassa quota, non ci si poteva lanciare, e Rudel fu costretto a un pauroso atterraggio cieco che si risolse in uno sfascio.

Rudel ebbe la gamba trapassata da uno spuntone del longherone alare che si era spezzato: giunto al campo, incurante della terribile ferita, Rudel volle immediatamente ripartire in

missione alla guida dei suoi uomini e li condusse all'attacco
fino alla totale distruzione della colonna corazzata nemica.

- Poi fu ferito di nuovo dal fuoco di una mitragliatrice
  pesante sparante da terra.

Anche questa volta riuscì a rientrare alla base, facendo appello
alle ultime energie rimastegli: dovette subire il ricovero in
ospedale, salvo di nuovo auto dimettersi per tornare a
combattere con la gamba ingessata.

- A Natale del 1944 fu convocato al Quartier Generale per
  ricevere la più alta onorificenza tedesca direttamente dalle
  mani del Führer: le Fronde d'Oro di Quercia con Spade e

Diamanti da apporre alla Croce di Cavaliere della Croce di Ferro.

Era uno dei pochissimi ad avere ottenuto questa decorazione, il solo dei reparti d'attacco al suolo, ma se l'era meritata ampiamente.

- Inoltre, venne promosso Colonnello, sia pure con il divieto di volare.

Rudel rispose che avrebbe rinunciato a entrambe e Hitler, che non amava essere contraddetto, in quest'occasione, posto di fronte a una determinazione simile, gli consentì di continuare a combattere.
Poi fu di nuovo ferito, questa volta da una grossa scheggia che gli asportò la gamba sotto il ginocchio destro: non domato, nonostante la gravissima mutilazione, non appena gli fu possibile, poco dopo Pasqua, tornò a volare e continuò a combattere fino all'8 maggio, giorno della resa della Germania.
Preso prigioniero dagli americani, fu rimesso in libertà un anno dopo.
Ci ha lasciato un bellissimo libro di memorie, intitolato «Il Pilota di Ferro», edito in Italia da Longanesi.

Ju 187 Super Stuka

Il Junkers Ju 187 fu un bombardiere da picchiata monomotore sviluppato dall'azienda aeronautica tedesca Junkers nei primi anni quaranta del '900 e rimasto allo stadio progettuale.

Evoluzione del precedente Ju 87 Stuka, ne era una variante dotata di importanti affinamenti aerodinamici, i più vistosi dei quali erano l'adozione di un carrello d'atterraggio completamente retrattile e un inusuale impennaggio di coda con la deriva ruotabile di 180° che poteva essere rivolta verso il basso, liberando così il campo di fuoco per l'artigliere posteriore

- Con tale soluzione si cercava di offrire maggior raggio d'azione alla torretta difensiva, togliendo il solito angolo morto dalla linea di tiro e consentendo al mitragliere un ventaglio di movimento e fuoco indisturbato.

Le origini del Ju 187 si devono all'esigenza riscontrata nello sviluppo del precedente Ju 87 Stuka che, benché si sia rivelato tatticamente fondamentale nelle fasi iniziali della seconda guerra mondiale, era gravato da alcuni problemi legati al rendimento in volo, all'efficienza aerodinamica, compromessa dall'adozione di un seppur completamente carenato carrello fisso di notevoli dimensioni, e alla vulnerabilità da parte dei caccia della Royal Air Force riscontrata durante la seconda fase della Battaglia d'Inghilterra.

Il progetto, al quale secondo le convenzioni RLM ricevette la designazione ufficiale Ju 187, venne affidato, nel 1942, a Hermann Pohlmann, già progettista dello Ju 87 Stuka e di altri numerosi velivoli dell'azienda di Dessau, il quale, pur basandosi sulla struttura e sull'impostazione generale dello Stuka, introdusse numerose e interessanti innovazioni tecnologiche.

Anzitutto, il nuovo motore Jumo 213A, 12 cilindri raffreddato a liquido, che fu utilizzato anche nel Fw 190D e Ju 88G-6, che sviluppava 1.750 hp al decollo.

Per ovviare alla notevole resistenza aerodinamica dovuta al carrello, Pohlmann disegnò un sistema retrattile che prevedeva la rotazione delle gambe di forza dello stesso di 90° attorno al loro asse, e che poi si richiudessero verso la parte posteriore integrandosi nella struttura alare inferiore.

- Questo avrebbe giovato sia in termini di velocità massima raggiungibile, grazie anche al nuovo e più potente motore Jumo 213, sia in termini di consumo, autonomia e raggio d'azione.

Questa soluzione venne adottata anche dalla versione Ju 87 F, che anch'essa non superò mai la fase di progettazione.

Per aumentare le capacità difensive dello Ju 87, che costarono molte perdite in termini umani e di mezzi da parte dei caccia RAF durante l'attacco all'Inghilterra, si ricorse a un impianto difensivo maggiorato sostituendo le mitragliatrici MG 17 da 7,92 mm con i più pesanti cannoncini automatici MG 151/20 da 20 mm nelle semiali e con l'adozione di una barbetta telecomandata posizionata sulla parte dorsale della fusoliera, la quale integrava, oltre a un altro MG 151/20, una mitragliatrice pesante MG 131 da 12,7 mm.

- Il carico di bombe era composto da una bomba da 1.000 kg sotto la fusoliera e due bombe da 50 kg sotto ciascuna ala su entrambi i lati delle sporgenze del carrello di atterraggio.

Inoltre, sfruttando l'esperienza dello sperimentale Ju 49, si adottò una cabina pressurizzata, realizzata in un'unica struttura da inserire nella fusoliera, biposto in tandem come il precedente modello, con il posto anteriore destinato al pilota e il posteriore al puntatore/mitragliere.

La soluzione tecnica più interessante, tuttavia, resta la particolarità dell'adozione di una deriva verticale mobile nell'impennaggio di coda la quale, grazie a un comando idraulico inserito all'apice posteriore della fusoliera, consentiva la rotazione intorno all'asse verticale del velivolo di tutta la struttura per favorirne la direzionalità in fase di picchiata verso l'obiettivo.

Lo sviluppo del progetto portò a realizzare un modello in scala per la galleria del vento e un mockup a grandezza naturale della sezione centrale dove venne inserita la struttura della cabina pressurizzata.

Pur se in fase avanzata di realizzazione, l'intero progetto venne cancellato nel 1943 per ordini dell'RLM in quanto, si decise per l'abbinamento del nuovo motore Jumo 213 alla versione Ju 87D: ciò consentì al precedente modello di raggiungere delle prestazioni ritenute soddisfacenti e, quindi, non erano giustificati ulteriori costi di sviluppo del nuovo modello.

- Inoltre, la situazione bellica della Germania cominciava a non essere più favorevole e l'importanza tattica di questo tipo di velivolo militare venne lentamente messa in secondo piano.

L'RLM, infatti, ordinò di interessarsi a un nuovo progetto, il Junkers Ju 287, che, seppur inizialmente si trattasse di un velivolo da ricerca finalizzato allo studio dell'ala a freccia negativa e dei motori a getto, il suo sviluppo doveva portare a un bombardiere con un ruolo più strategico che tattico.

La designazione Ju 287, nella rigida convenzione originale RLM, avrebbe dovuto essere assegnata, infatti, a un ulteriore sviluppo del progetto iniziale (Ju 87 - Ju 187 - Ju 287 - Ju 387 etc.), un segnale questo che faceva intuire l'iniziale confusione della burocrazia militare, preludio di una fase discendente della stessa.

Caratteristiche tecniche

- Lunghezza: 11,80 metri
- Apertura alare: 18,06 metri
- Altezza: 3,90 metri
- Motore: Junkers Jumo 213 A
- Potenza: 1.750 hp (1.287 kW)
- Velocità max: 400 km/h
- Armamento:
  - Due cannoni alari MG151 calibro 20 mm.
  - Una mitragliatrice MG131 calibro 15 mm nella torretta dorsale.
  - Un cannone MG151 calibro 13 mm nella torretta posteriore radiocomandata.
  - Una bomba da 1.000 kg oppure 4 da 250 kg nella baia ventrale.
  - Quattro bombe da 50 kg nelle ali.